AF185202

Jürgen Selonke

# Vier Männer, eine Lady

## Segeln. Der nasse Weg zum Glück

www.tredition.de

© 2019 Jürgen Selonke

Verlag & Druck: tredition GmbH, Halenreie 40-44, 22359 Hamburg

ISBN
978-3-7497-2574-8 (Paperback)
978-3-7497-2748-3 (e-Book)

11 Ahoi und die roten Schilder

22 Maschine an und los

35 Alptraum Anlegemanöver

50 Liveshow in der Hafenkneipe

60 Planung und milder Senf

77 Suchschleife zum Hammerhead

89 Im Zick-Zack-Kurs auf Grund

96 Drama vor Hiddensee

102 Das gefischte Kabel

107 Flüssiges und Hafenmeister

114 Von der Kunst des Grillens

120 Lords im Regen

131 Der Geheimdienst nebenan

137 Nachts auf See

144 Das Paradies im Duschhaus

155 Kurs Heimat

161 Der geküsste Felsen

165 Sonnenuntergang vom Feinsten

169 Abschied und Tauben als Propheten

# Vorwort

Ich kreuzte vor Fehmarn. Allein mit Wind und Wellen, kein zweites Schiff in Sicht. Alles ruhig, kein Stress. Eine Situation, in der Gedanken sich plötzlich verselbständigen:

„Ganz schön viel passiert, eine Menge erlebt in den Jahrzehnten der Segelei. Schade eigentlich, wenn das alles so einfach im Nebel der Vergangenheit untergeht. Festhalten sollte man die schönsten Momente, für wen auch immer. Am besten aufschreiben..."

Und nichts auf die lange Bank schieben. Niemand weiß, wie viel Zeit einem bis zum Ende bleibt. Immerhin gab es bereits den ersten kräftigen Warnschuss vor den eigenen Bug. Gerade noch abgewehrt. Das Leben gibt kein Versprechen darauf, dass man mit seinen Plänen fertig wird. Es liegt an jedem selbst, zumindest mal anzufangen.

Das habe ich dann getan, und so sind die folgenden Seiten entstanden. Erinnerungen, die auf Fakten basieren. Ab und an leicht verfremdet. Aber nichts ausgedacht oder erfunden, alles tatsächlich erlebt. Meist war es spaßig, zumindest im Rückblick. Manchmal vielleicht auch gefährlich oder zumindest ungemütlich. Die Zeit an Bord hat mich Menschenkunde gelehrt, mir abgelegene Flecken erschlossen und viel zum seelischen Gleichgewicht beigetragen.

Kommen Sie an Bord von „Lady Elliot" zu einem kleinen Törn. Blicken Sie mit mir zurück auf Episoden, die das Leben geschrieben hat.

Ach so – niemand muss Segler sein, um an Bord gehen zu dürfen. Wer jetzt vielleicht gerade in einem Buchshop irgendeines Flughafens steht und was zum Schmökern sucht, um die Stunden in der Luft halbwegs entspannt hinter sich zu bringen – greifen Sie zu. Es gibt kein Fachchinesisch.

Und eines ist garantiert: Nach der Landung werden Sie zumindest ahnen, dass das Freizeitleben auf einem Schiff sehr viel gemütlicher ist als die quälenden Sitze der modernen Jets.

# Ahoi und die roten Schilder

Grömitz an der Ostsee. Außerhalb der Saison ein langweiliges Nest. Während der Saison ein oft überfülltes langweiliges Nest. Die Fülle liegt vor allem am Hafen. 780 Schiffe finden Platz, Romantik ist was anderes.

Wer hier anlegt, sollte von Einsiedelei nichts halten und am besten über eine eigene Dusche an Bord verfügen. Sonst wird er sich vermutlich auf eine Katzenwäsche beschränken müssen. Denn die Riesenanlage bietet freundlich geschätzt rund 20 Duschen.

Zu mehr haben sich die Gemeindeverantwortlichen auch nach dem Umbau nicht durchringen können. Dauerlieger schätzen den Ort vor allem wegen seiner ordentlichen Anbindung an Hamburg.

Wir haben Sommer, liegen im Hafen. Es ist so gegen 19 Uhr. Die Sonne schickt sich gerade an, allmählich auf der Landseite hinter der Anhöhe mit dem kleinen Wäldchen im wohlverdienten Feierabend zu verschwinden.

Ich habe mich auf dem Achterdeck von „Lady Elliot" gemütlich in einen faltbaren Klappsessel gelümmelt, die Füße auf einer der Backskisten geparkt und zunächst über den neuen Grömitz-Prospekt geschmunzelt.

„Eine maritime Erlebnispromenade schlängelt sich durch den Yachthafen, mit schwungvoller Wellen-Architektonik und imposanten Großsegel-Skulpturen", las ich staunend. Es ist immer wieder faszinierend, mit welch` unverfrorener Fabulierkunst die Tourismus-Leute versuchen, aus Blech noch Gold machen.

Jetzt studiere ich Seekarten für den anstehenden Kurz-törn. Haptische Karten wohlgemerkt, so richtig zum Anfas-sen. Dem elektronischen Schnickschnack mag ich bis heute nicht trauen.

Da Schrift und Zeichen auf den Karten gemeinerweise permanent kleiner zu werden scheinen, nimmt mich das Stu-dium voll in Anspruch. Deshalb registriere ich erst ziemlich spät, dass sich eine stählerne Ketsch in die Nachbarbox ma-növriert. Der Skipper mit verkniffener Miene, aber offen-sichtlich wild zu dem Manöver entschlossen.

„Sie sehen schon das rote Schild in der Box", sage ich zu dem Ankömmling und zeige darauf.

Mein Nachbar ist nämlich mit seiner Bavaria nur kurz mal draußen für eine kleine Runde, wollte auf jeden Fall abends zurück sein. Für mich selbstverständlich, darauf aufmerksam zu machen.

Genauso, wie es guter Usus sein sollte, bei längerer Ab-wesenheit seine Box für Gastlieger auf „Grün" zu stellen. Nur hier und jetzt zeigt das Schild unübersehbar ein leuchtendes Rot.

Die Antwort erstaunt, ist leider aber immer öfter in deut-schen Jachthäfen von Freizeitkapitänen zuhören. „Rot oder nicht – das zählt doch nix mehr", dröhnt es zurück. „Leer ist leer, so einfach ist das!"

Ich staune, ist das mittlerweile wirklich so einfach? Sind die simpelsten Anstandsregeln tatsächlich untergegangen?

Ich riskiere eine vorsichtige Erwiderung: „Das mag sein, woanders vielleicht. Zumindest hier an diesem Steg meint Rot noch Rot und damit gesperrt."

Der zweite Mann an Bord, der bis jetzt mit einer Leine schon eifrig am Bug hantiert hat, kommt nach hinten. „Lass doch den Spinner", sagt er mit Blickrichtung auf mich, „gehen wir nach gegenüber. Da nervt hoffentlich keiner."

Der Skipper stoppt das Schiff auf, wendet und donnert auf eine Box am gegenüber liegenden Steg zu. Ich sehe es deutlich, auch die signalisiert Rot. Was die beiden nicht stört, zumal dort tatsächlich keiner nervt.

So erlebst Du Randerscheinungen des Segelsports heute. Nicht immer. Aber leider immer öfter.

Die Älteren, die mit der Erfahrung von vielen Sommern, die sich noch daran erinnern können, dass niemand sein Schiff aus Angst vor Langfingern abschließen musste, werden mir vermutlich zustimmen. Und dann anfangen, in der Kiste ihrer Erinnerungen zu kramen.

Früher ... weißt du noch!

All' das schießt mir durch den Kopf, während die Ketsch bei ihrem Manöver auf der anderen Seite erst Backbord den Dauerlieger anstößt und dies anschließend auf Steuerbord erfolgreich wiederholt. Protest ertönt nicht; es ist alles verwaist. Und ich denke, selbst die Grundregeln verkommen zunehmend. Man müsste am Anfang beginnen, überlege ich. Anstands-Ein-mal-Eins, Fahrtechnik, Sicherheit, Seemannssprache von A bis Z.


A vielleicht wie Ahoi. Dann die Erklärung für Dummies dazu. Ahoi. Musst du aussprechen A-Heu. Und dir merken. Ist ein Mehrzweck-Wort. Meint Hallo. Oder auch Tschüss. Oder Grüß Gott. Oder wie geht's?

Anders gesagt, ahoi ist wie die Leinen, die Knoten und der restliche Krimskrams rund um die Schipperei. Einfach zu benutzen, vielfach verwendungsfähig, immer zur Hand.

Ahoi also.

Ich merke bei diesen noch nur wild schwirrenden Gedanken, wie es in meinem Kopf plötzlich selbständig zu arbeiten beginnt. Vielleicht sollte man, wie wäre es ... - die ersten Puzzlesteine für aufgeschriebene Erinnerungen eines Hobbyseglers fallen an ihren Platz.

Das Anfangsbild steht auf einmal deutlich vor meinen Augen. Ich sehe den Hafen, innerlich sozusagen. Ich an Deck, lässig leicht in den Knien wippend. Die linke Hand ruht auf der hölzernen Reling. Die rechte Pranke ist auf der Hüfte abgestützt.

Voll der Chef. Heißt an Bord Kapitän. Oder besser Skipper, wenn du ein kleines oder größeres Segelboot unter dir hast.

Was musst du noch wissen, um die Situation richtig einzuordnen? Die Jahreszeit. Es ist später April, ein Sonnabendmorgen.

Was fehlt noch?

Na klar, die Besatzung. Crew, um das neudeutsch fachmännisch auszudrücken.

Grundsätzlich kannst du natürlich auch allein losmachen. Auf Törn gehen, also raus auf die See. Nennt sich dann Einhandsegler. Schon wieder was gelernt. Einhandsegler hat nix mit Arm ab zu tun. In den allermeisten Fällen sind diese Typen von der menschlichen Bauart her komplett bestückt und in höchstem Maße fit. Nur Leute an Bord mögen sie außer sich keine. Vielleicht will auch niemand mit ihnen. Ist aber auch egal. Jeder muss selber wissen, wie er glücklich wird.

Ich bin mehr für Gesellschaft. Und lauer' jetzt gerade auf meine Jungs, die deutlich hörbar in geschlossener Formation anrollen. Meine Crew für die nächsten paar Tage betritt den Ort des Geschehens.

Nicht einfach nur so. Im wiegendem Wir-können-vor-Kraft-kaum-gehen-was-kostet-die-Welt-Schritt. Die altersschwachen Stegplanken dröhnen mit. Möwen flüchten entsetzt, Nachbarn blinzeln verwirrt: „Aber hallo! Was' das denn?"

Könnte ich erklären. Reine Show, die sie da abziehen.

Zu Hause neigen die drei Pappenheimer dazu, selbst das Herausrollen der Mülltonne beharrlich zu verweigern. Da weisen sie lamentierend auf eine lädierte Bandscheibe, Rheuma im Fuß und ähnliche Altherren-Wehwehchen hin, um die Arbeit sofort und zielgerichtet an jüngere Familienmitglieder zu delegieren.

Heute ist zu Hause weit weg. Jetzt lassen sie den Steg Nummer neun unter sich erzittern. Spartakus und seine Gladiatoren müssen beim Einzug in die Arena dagegen wie Weicheier gewirkt haben.

Ein Bild wie gemalt. Siggi zerrt den rumpelnden Leih-Karren schwitzend voran. Knallvoll auf dem Parkplatz nebenan bepackt. Hans beobachtet den penibel aufgetürmten Lastenberg, damit der sich bloß nicht selbständig macht. Volker, Hände bis zum Ellenbogen in den Jackentaschen, beschränkt sich auf warnende Sprüche: „Bloß vorsichtig, Jungs. Nur kein Bruch!"

Ich hab mich auf dem Bugspriet positioniert. Für Landratten: Das ist ganz vorn. Jetzt mit Bauch rein, Brust raus. Die souveräne Haltung eines Skippers, wenn Publikum in der Nähe ist. „Lady Elliot", eine schon reifere Dame bester finnischer Schiffsbaukunst, wiegt sich bedächtig auf dem Wasser.

Vor ihr, präzise an Liegeplatz 23, stoppt der Lastentransport. Nach Größe sortiert bauen sich die drei nebeneinander auf. Logisch, zur Meldung. Müssen sie vorher geprobt haben. Wahrscheinlich ziemlich lange. Denn alles flutscht perfekt. Einstimmig dröhnt ihr Chor in den blau blitzenden Himmel: „Melden uns an Bord!"

Sauber, die Lautstärke. Nicht zu viel Krach, aber doch so viel, dass es alle anderen in mittlerer Umkreis-Entfernung mitgekriegt haben. Die Stegnachbarn recken denn auch neugierig ihre hoffentlich gewaschenen Hälse. Das ist doch mal eine zackige Besatzung!

Mehr kann kein Skipper erwarten. Lässt sich gut an, die Sache. Also nicke ich gönnerhaft: „Willkommen zur traditionellen Frühjahrs-Herrentour!"

Die Karre wird entladen. Selbstredend nur von der Crew. Der Chef muss immer defensiv bleiben, wenn es ans Ackern geht. Ist gut fürs Image und die eigene Bequemlichkeit.

Drei kleine Taschen, vier Kisten Bier, ebenso viele Kartons mit Wein und einige Einzelpullen. Feste Nahrung entdecke ich auf den ersten Blick keine. Die steckt wahrscheinlich in den blickdichten Plastiktüten. Oder wurde womöglich sogar komplett vergessen.

Niemand sollte daraus jedoch falsche Schlüsse ziehen. Die Art der angeschleppten Vorräte hat überhaupt nix mit dem Niveau der anstehenden Fahrt gemein.

Wobei die lautstark an Deck gewuchtete Ladung in ihrem Gesamtmix keine Überraschung darstellt. Wird jeder Experte vorbehaltlos bestätigen. Und Skipper an Bord des eigenen Schiffes sind ausnahmslos Experten. Zumindest halten sie sich dafür.

Eine Wahrheit will ich ehrlicherweise gleich noch einschieben: Es soll schon passiert sein, dass manche Herrencrews gar nicht die Leinen losgeschmissen haben. Das auf der Basis einer logischen Gedankenkette: Warum sich durchschaukeln lassen, wo du doch im Hafen die Pullen viel gemütlicher auf ihren Inhalt überprüfen kannst. Eine solche Null-Meilen-Tour hat es bei uns allerdings noch nie gegeben.

Unauffällig checke ich mein fleißig schuftendes Dreigespann mal gedanklich durch. Perfekt.

Clevere Eigner nehmen nämlich ohne Wenn und Aber nur Leute an Bord, die bestenfalls wissen, dass Wasser im Unterschied zum Land flüssig ist. Ich sag das so deutlich, damit Missverständnisse gleich draußen vor der Tür bleiben.

Wozu sich als Skipper mit einer fachlich ausgefuchsten Mannschaft freiwillig Stress an die Backe kleben? Eine Teambildung nach dem Blödmann-System mag bei schwerem Wetter riskanter sein, ist vor allem unter einem Blickwinkel jedoch absolut top. Die Gäste schnallen mit hoher Wahrscheinlichkeit gar nicht, wenn der Skipper Mist baut. Das soll in seltenen Fällen durchaus passiert sein.

Hast du Blindfische an Bord, erledigt sich jedes falsch gelaufene Ding von selbst. Du musst nicht erst dickes Seemannsgarn spinnen und deine Autorität mit Hein-Lücht-Geschichten retten. Der Laie auf See wird vermutlich glauben, dass alles so korrekt ist, wie es gerade abläuft.

Im Wettbewerb „herausragende Ahnungslosigkeit" hätte meine Mannschaft garantiert viele Goldmedaillen eingefahren. Das Trio ist allererste Sahne in Sachen bloß keinen Fehler auslassen. Zwar sind wir schon öfter zusammen losgeschippert. Trotzdem – das Alter zeigt seine Spuren!

Fakt ist nun einmal: Die drei neigen wegen ihrer weit zurück liegenden Geburtsdaten sämtlich zur Vergesslichkeit. Deshalb fällt nach dem Ende einer Reise ihr Wissensstand jedes Mal praktisch auf null zurück.

Faul sind die Burschen auch. Deshalb brauch' ich mir keinen Kopf darum zu machen, ob sich einer womöglich heimlich ein Fachbuch gekauft und zumindest durchblättert hätte.

Dann ist alles verstaut.

Wir stehen gemütlich auf dem Achterdeck. Na klar, ein Begrüßungsbierchen in der Hand. Volker streckt sich auf der Backbord-Backskiste und faltet wohlig-zufrieden die Hände überm Bauch. Siggi stopft Pfeifchen.

Ich beobachte den Schaum im Tulpenglas, Überbleibsel aus alten DDR-Zeiten. „Spartakiade Berlin" steht da drauf. Was war das gleich noch? Irgendeine Riesenshow mit Sport. Hans müsste das eigentlich wissen.

Ob ich den mal... Oder wühlt eine Frage in dieser Richtung tiefenpsychologische Probleme auf? Immerhin hat er einen Teil seiner Jugend auf der damals anderen Seite der Grenze verleben müssen.

Der Junge scheint gerade sowieso ziemlich unruhig. Richtig hektisch der Bursche. Er mustert den Himmel. Blau. Er mustert das Wasser. Ruhig. Er prüft den Wind. Kaum spürbar. Ideales Seewetter vorzugsweise für Landratten.

Da druckst er auch schon los: „Wir könnten doch heute...?"

Warum nicht?

War zwar anders geplant. Eigentlich wollten wir erst Sonntag nach Fehmarn. Aber Freizeitskipper sollten sich nie sklavisch an vorher gebastelte Termine halten. Der Moment muss einfach passen. Die Vorhersage für das gesamte Wochenende klang deckungsgleich. Im wesentlichen Flaute.

Ausnahmsweise lagen die Vorhersage-Menschen damit mal richtig, wie der Rundum-Blick bestätigt. Leise knackend schaltet sich gerade jetzt der programmierte Wetterempfänger wieder ein, um seinen Job zu erledigen.

Eine feine Erfindung für den Hobby-Segler. Wobei die meisten heutzutage jede Menge Wetter-Apps auf ihrem Laptop an Bord schleppen und geradezu hörig diesem elektronischen Schnickschnack und nicht den eigenen Augen trauen.

So einen Steg-Nachbarn hatte ich mal. Der reagierte regelmäßig höchst sonderbar, wenn man über das Wetter plaudern wollte.

„Ein wirklich schöner Tag heute", grüße ich beispielsweise morgens von Bord zu Bord. „Endlich strahlt die Sonne mal richtig." Ein Blick ins weite Rund vom Achterdeck bestätigte meine Aussage nachdrücklich.

„Moment", hörte ich vom Nachbarschiff. „Ich sehe mal nach." Schwupps – er verschwand unter Deck.

Ich hörte ihn fluchen, während er offenbar an elektronischen Geräten hantierte. Im Prinzip sind die ihm nämlich über. Anders ausgedrückt: Er hat nur bedingt Ahnung, welcher Knopf wann wo an welcher Maschine gedrückt werden muss.

Jedenfalls tauchte er erst nach einer kleinen Weile wieder auf. Ich hatte mich derweil gesonnt. „Stimmt", hörte ich ihn. „Meine neue Wetter-App zeigt auch Sonne an!"

Wie auch immer – der Skipper muss nicht länger mühselig irgendwelche Sender auf irgendwelchen Radio-Weltempfängern suchen. Meist verstand man ohnehin nur Bruchstücke. Es rauschte einfach. Erinnerte mehr an die Pionierzeit vom Rundfunk.

Einen Trend für die Wetterentwicklung allerdings brauchst du. Auch wenn der unverändert ziemlich oft höchst ungenau ist. Die Wirkung liegt eher im psychologischen Bereich. Es beruhigt irgendwie die Nerven, wenn die Vorhersage nichts Bösartiges verspricht.

Wobei ich bis heute nicht kapiere, wieso schlaue Menschen mittlerweile irgendwelche Sonden zum Mars und noch weiter schicken, die dann tatsächlich ankommen und gestochen scharfe Bilder liefern.

Das können sie. Aber zuverlässig eine stimmige Wetterprognose abzuliefern – das ist bis heute Glückssache geblieben.

Jetzt bläst es praktisch gar nicht. Jedenfalls gibt die Deutschlandflagge oben am Besan-Mast den totalen Schlaffi. Ach so, Besan-Mast. So musst du den kleineren Mast fachlich sauber titulieren. Gilt natürlich nur auf Schiffen mit zwei Masten; Ketsch getakelt, sagt der Fachmann. Aber das gehört bereits zu den Dingen, die der Laie vernachlässigen darf.

Praktischer klingt, was ein Tourist neulich seinem kleinem Sohn beim Anblick von „Lady Elliot" erklärte: „Guck mal, das Schiff hat zwei Antennen!" Dabei zeigte er mit großer Geste auf die beiden Masten.

Und da wundern wir uns über die Ergebnisse der Pisa-Studie.

# Maschine an und los

Flaute also. Heute wie morgen. Da wird Segeln zum Geduldsspiel. Müsste in jedem Fall der Motor ran. Zum Eingewöhnen ist das vielleicht sogar besser.

Ich schaue in die Runde: „Und?"

Volker schiebt sich aus der Waagrechten in eine Sitzposition und pfeift „I am sailing!" Singen könnte er den Song nicht. Sein Englisch ist leicht schlechter als seine Segelkenntnisse.

Also dann, machen wir klar zum Auslaufen.

Technisch bei wenig Wind ein leichtes Manöver. Maschine an, Leinen los und rückwärts vorsichtig aus der Box tuckern. So jedenfalls das Grundprinzip. Die Feinheiten kriegen wir später.

„Wer will den Kurs abstecken?"

Üblicherweise darf sich auf „Lady Elliot" jeder mal daran versuchen. Gut für die Harmonie. Nur darfst du als Obermacker nie die Grundregel aus deinem Hinterkopf rauskriegen: Egal, wer denkt – der Skipper lenkt.

Jetzt allerdings winken die drei gelangweilt ab. Der Professor bringt es auf den Punkt: „Was heißt hier Kurs? Raus aus dem Hafen, links abbiegen und immer parallel zur Küste hoch. Irgendwann sind wir dann in Fehmarn."

Unter seemännischen Gesichtspunkten bewertet ist die Ansage natürlich kompletter Mist. In der Sache stimmt sie allerdings. Mit dieser Marschroute verfehlt auch der größte Trottel das Ziel wahrscheinlich nicht.

„Wie weit ist das eigentlich?" Der holländische Selbstgemixte in Siggis Pfeife brennt. Er kann wieder reden.

„Ungefähr 21 Seemeilen."

„Ach so!"

Ich weiß, was als nächstes kommt. Ist ihm deutlich anzusehen.

Volker nutzt seine Chance, um noch vor der Frage zu antworten. Das einzige Fachwissen, das er sich jemals dauerhaft angeeignet hat: „Eine Seemeile ist 1852 Meter. Exakt der 60. Teil eines Längengrades."

„Na so was!" Siggi ist wenig beeindruckt. „Wie viel macht denn das nun in deutscher Sprache?"

Beim Rechnen braucht der Professor länger. Aber er findet es: „Rund 39 Kilometer!"

Kurz nach 14 Uhr lasse ich den Gustafsson Marinediesel losblubbern. Das ist immer noch die erste Maschine im Bauch von „Lady Elliot", über 25 Jahre alt. Völlig unbeleckt von jedem elektronischen Schnickschnack. Wahrscheinlich deshalb so zuverlässig.

90 PS ist der Vierzylinder stark und damit deutlich kräftiger als die Motoren der meisten Segeljachten. Dazu musst du wissen: Das Plus an Pferdestärken bedeutet nicht mehr Geschwindigkeit.

Bringt in erster Linie höhere Sicherheit. Bei rauer See oder starker Strömung kann dir das den Arsch retten, um das drastisch zu beschreiben.

Glaubst Du mir nicht? Solltest Du aber. Wobei kein Laie die Sache richtig in seinen Kopf kriegt.

Landratten unterschätzen die Strömung nämlich gern. Welche Kraft tatsächlich dahinter steckt, muss man einmal erlebt haben, um die Sache zu begreifen. Dann wird deutlich, wie das Wasser arbeitet und im Zweifel gewinnt.

Auch ich war ungläubig. Bis vor einigen Jahren. Damals war die englische Kanalinsel Alderney unser erklärtes Tagesziel.

Wir kamen von Süden, von Guernsey und waren eine knappe Stunde zu spät ausgelaufen. Jedenfalls haute das mit der Tide nicht mehr hin. Dennoch ging zunächst alles gut. Die ersten Masten im kleinen Hafen von Braye konnte ich Backbord querab bereits ausmachen. Alles super, dachte ich.

Von wegen. Denn da kippte die Strömung.

Mit Motor und den üblichen 1300 Umdrehungen lief „Lady Elliot" normale Reisegeschwindigkeit. Das sind bei uns gut 6 Knoten. Anders beschrieben sechs Meilen pro Stunde.

Doch nun rauschte die Strömung von vorne auf uns zu. Neptun lachte. Das Log, der Geschwindigkeitsmesser an Bord, zeigte schlagartig noch 5, 4, 3, 2 Knoten. Ein Knoten. Dann war Feierabend mit Vorausfahrt. Wir standen auf der Stelle.

Kommt aber noch besser. Bei laufendem Motor begann „Lady Elliot" rückwärts zu treiben. Logisch, du gibt mehr Stoff. Hebel on the table. So heißt der dazu gängige Spruch im schönen Neudeutsch. Was im Klartext bedeutet, du schiebst den Gashebel weiter nach unten, was die Maschine normalerweise zu Höchstleistungen putscht. Doch auch bei höherer Drehzahl gewannen wir keinen Meter.

Da lernst du was fürs Leben. Am Ende sind wir resigniert abgedreht. Nix mit Braye auf Alderney. Den Tagesausklangs-Roten haben wir in irgendeinem französischen Hafen auf dem Festland gesüffelt. Sozusagen auf eine neue Erkenntnis angestoßen.

Solche Verhältnisse sind auf der Ostsee allerdings nie zu befürchten. Starkwind und Wellen von vorn rauben einem zwar durchaus Fahrt. Manchmal auch den Nerv. Aber Stillstand oder gar ein Treiben nach rückwärts ist nicht drin.

*****

Von solchen Misslichkeiten spüren wir an diesem Nachmittag nix. Flaute zwar, dafür strahlt der Himmel frühjahrsblau. Hans und Siggi beziehen noch während des Auslaufmanövers auf dem Achterdeck ihre feste Position. Kein Skipper mit Erfahrung wird darüber meckern. Im Gegenteil. Zwei weniger, die sinnlos im Weg stehen.

Raus aus dem Grömitzer Hafen nach Volkers Steueranweisung. Hinter der Ausfahrt folgt „Lady Elliot" gehorsam der Drehung des Ruders und schwenkt ihren Bug nach backbord. Zeit für mich, noch mal den Skipper zu geben: „Laufen wir also erstmal einen 60 Grad Kurs bis Schwarzer Grund. Das sind etwa 7 Meilen.“

Perlen vor die Säue. Die drei sehen mich herablassend gönnerhaft an: „Perfekt berechnet. Man erkennt, warum du die meisten Streifen hast.“

Worauf Hans und Siggi sich endgültig genüsslich auf den Backskisten ausstrecken. Volker trabt derweil aufs Vorschiff, um dort ungestört Sonne zu tanken. Immerhin strahlt er mich noch an: „Du machst das schon!"

Ehrlich gesagt, viel zu tun ist nicht. Ich positioniere das Einstellrad für den Autopiloten auf 60 Grad und knipse ihn an. Bereitwillig übernimmt der englische Automat seinen Job.

Erst mal Pause, eine gute Stunde lang. Dann, auf Höhe der Warntonne Schwarzer Grund, ist wieder was zu tun. Am Justierrad 15 Grad eingeben. Und damit ist dann alles klar für die letzten 14 Seemeilen.

Arbeit erledigt. Das Schiff läuft wie es soll, alle sind zufrieden. Genügend Zeit und Muße, die Besatzung präziser vorzustellen. Damit der geneigte Leser weiß, mit wem er auf Törn geht.

Siggi aus Amsterdam. Typ Einstein. Nicht so schlau. Doch die Frisur und das verschmitzte Lächeln stimmen exakt mit dem Original überein. Sein schmales Domizil in Hollands Metropole blickt mit dem hinteren Teil auf eine Gracht.

Im oberen Stock steht am raumhohen Fenster der Schreibtisch. Darf nie und auf keinen Fall verschoben werden. Traditionell hat es sich eingebürgert, dass die Fremdenführer der vorbei schaukelnden Touristenboote ihn ins Programm eingebaut haben: „Achten Sie hier auf Einstein."

Siggi weiß, wie wichtig Besucher für die holländische Metropole sind. Weshalb er sich auf das Stichwort hin stets vom Schreibtisch hochstemmt und freundlich den Gästen aus aller Welt zuwinkt. Da ist er perfekt drin. Sogar die einstige Königin Beatrix soll angeblich bei ihm Unterricht genommen haben, zumindest in diesem Punkt.

Vom Segeln hat er natürlich keinen blassen Schimmer. Gelegentlich hakt er interessiert nach. Seine Gefährlichkeit für jeden Skipper liegt darin, dass er spontan eigene Ideen umsetzt. Natürlich ohne Ankündigung. Ich werde darauf zurückkommen müssen.

Volker, Professor aus Hamburg. Legendär seine Pausenfüller während der Vorlesungen, wenn ihn zunehmend häufiger der Schwung verlässt und der rote Faden im Nebel unsichtbar wird. Er weiß alles über St. Pauli. Die Fußballer. Früher auch über den Kiez allgemein. Die Zeit verschiebt Prioritäten. Jedenfalls streut er diese Restkenntnisse gern als Rettungsanker ein. So geht ihm nie der Stoff aus.

Segelkenntnisse? Fehlanzeige.

Auf seinen Wunsch hin nutze ich seit Jahren erfolgreich farblich unterschiedliches Tauwerk an Bord. Das klare Kommando „Zieh am blauen Ende!" begreift er. Ein fachlich korrektes „Fockleine dichtholen!" würde Verwirrung stiften.

Seine Gefährlichkeit liegt in der hohen Motivation. Manchmal will er mehr, als dem Material gut tut. Einmal unter Strom gesetzt, neigt er im Übereifer zur Zerstörung einzelner Schiffsteile, das jedoch mit hoher Präzision und Zuverlässigkeit.

Hans, der Versicherungsexperte. Seine Eltern schickten ihn einst ausgerechnet zur Phase des Mauerbaus zur Oma, die in der Nähe von Dresden lebte, in den Sommerurlaub. Also ganz, ganz früher. Als Besuch problemfrei möglich war, vor der Trennung also, die der späteren Wiedervereinigung bekanntlich voraus ging. Ältere Semester erinnern sich womöglich daran.

Besagte Eltern nahmen die Steine- und Stacheldraht-Aktion nicht ernst. Schulferien waren Schulferien. Als sie sich dem Ende näherten - Schluss mit Lustig. Hans durfte nicht wieder raus. So wuchs er fortan im Elbsandsteingebirge auf. Und nicht länger in hanseatischer Freiheit. Um die Hits der sechziger Jahre musikalisch nicht zu verpassen, musste er mit Radio und einem Antennenkabel in Bäume klettern, um Beatles und Rolling Stones zu hören.

Er hat die ungewollte Zwangsumsiedlung ohne erkennbare Schäden im Kopf weggesteckt. Mehr scheint auf dieser Welt kaum möglich.

Vom Segeln versteht er nicht ganz so viel wie die beiden anderen. Also deutlich unter der Bodenplatte. Hans ist außerdem das Nesthäkchen. Was ihn automatisch in der Rolle des ausschließlichen Befehlsempfängers manövriert hat. Denn jeder Trottel braucht einen, der noch mehr Trottel ist. Lässt sich heute überall beobachten. In Politik, Wirtschaft und eben auch an Bord von Jachten.

Die Gefährlichkeit von Hans liegt in der abwartenden Haltung, die seit seiner Zwangs-DDR-Jugend in ihm steckt. Ohne direkte Ansprache schnappt er sich bis heute nicht mal 'n Frühstücksbrötchen.

Diese drei Burschen also stehen und liegen auf dem Teakdeck von „Lady Elliot" herum. Prächtige Jungs. Gierig auf Abenteuer, hart im Nehmen, schicksalserprobt.

Apropos Schicksal. Das hat es auch in einem anderen Punkt bislang gut mit uns gemeint. Die Inbesitznahme der Kojen verlief ohne Handgreiflichkeiten. Das ist keinesfalls die

Regel auf kleinen Schiffen. Einstein und der Professor sind Doppelpenner in der Achterkajüte, Hans Solist im Vorschiff.

Die Klärung der wichtigen Frage, wer wo pennt, ist eine ziemlich heikle Kiste. Bei neu zusammengestellten Besatzungen löst sie üblicherweise unverzüglich Streit aus: „Der Penner schnarcht! Warum muss ich mit dem zusammen liegen!"

Da kochen Emotionen hoch, das ahnen Außenstehende nicht mal.

Diesen kritischen Punkt, der bei allen Reisen und auf jedem Schiff zu beobachten ist, können wir dank mehrfacher gemeinsamer Ausfahrten zum Glück also abhaken. Jeder schlaue Skipper hält sich übrigens bei der Raumverteilung raus, nachdem er für sich die persönliche Wunschkoje beschlagnahmt hat.

Ein einziges Mal habe ich gegen den Grundsatz des Raushaltens verstoßen. Mit fatalen Folgen. Mir fiel die Episode ein, während vor uns die Warntonne Schwarzer Grund auftaucht.

***** 

Damals, bei meiner verhängnisvollen Einmischung, habe ich den Holländer Siggi mit einem Bergfuzzi aus Österreich in die vordere Kabine gesteckt.

Die ist geschnitten wie ein Tortenstück und komplett mit passenden Matratzen ausgelegt. Gar nicht mal so klein, das Teil. Gut zweieinhalb Meter lang, an der breitesten Stelle immerhin noch 150 Zentimeter.

„Für abgebrochene Auslandszwerge reicht das locker", hatte ich gesagt. Kein Widerspruch. Beide nickten.

Irgendwann, so am dritten, vierten Tag, fielen die Kojen-Partner in der Gemeinschaft unangenehm auf. Sie zogen komische Gesichter. Mürrisch ist untertrieben. Demonstrativ strecken sich die zwei in alle Richtungen. Hoch und runter, in die Knie, Arme ausschütteln. Das volle Programm.

„Im Alter sportlich geworden?", forsche ich nach.

„Notgedrungen!", stöhnt der Alpenmensch. „Irgendwie muss der Körper schließlich wieder auf normale Länge gebracht werden."

„So schlecht habe ich noch nie geschlafen", mault Siggi und fährt sich resigniert durch die wirre Einstein-Frisur. „Nicht einmal in der Touristenklasse im Flieger."

„Du bist überhaupt noch nie Holzklasse geflogen", kann ich mir nicht verkneifen. „Immer nur vorne. Und immer umsonst, auf Einladung." Das liegt am Job. Siggi schreibt Reisebücher.

Dieser stimmige Einwand macht ihn erstmal mundtot. Aber nach der nächsten Streckübung geht das Meckern schwungvoll weiter.

Jetzt nörgelt der Österreicher: „Noch eine Nacht hinten liegen und ich bin krumm wie 'ne Banane."

„Wieso hinten?", fällt mir da zum Glück auf. Doch damit lag das Problem endlich offen auf dem Kajüten-Tisch.

Intelligente Menschen hätten sich in Längsrichtung nebeneinander ausgestreckt.

Denn wie schon geschildert: Vorne könnten in der Kabine auch zwei Schwarzenegger-Typen Schulter an Schulter pennen. Und hinten kriegst du erst Stress, wenn beide größere

Füße als Schuhgröße 54 haben. So ist das auf der Tortenstück-Matratze.

Alles logisch soweit. Ich hatte nur eins vergessen. Die beiden sind aus Holland und Österreich. Käse und Berge, mehr nicht.

Sie schlafen quer, wie ich nach Minuten staunenden Zuhörens begriffen habe. Um Gerechtigkeit walten zu lassen, wechseln sie sich dabei allnächtlich ab. Einer ruht also immer direkt vorn an der Tür auf 1,50 Meter. Der andere dahinter auf entsprechend kürzerer Fläche. Da muss er sich natürlich wie ein Embryo zusammenfalten.

Ich schüttele fassungslos den Kopf. Eine Menge liegt mir auf der Zunge. Doch ich bleibe sachlich: „So blöde kann man eigentlich nicht sein."

Um hundertprozentig auf Nummer Sicher zu gehen, habe ich mich persönlich für ein Demonstrations-Liegen nach vorne bemüht. Praktische Beispiele sind bekanntlich das beste Heilmittel gegen Blödheit.

Sie staunten. Siggi kratzte sich nachdenklich seine Einstein-Frisur: „Tatsächlich. So geht's auch!"

*****

Es bleibt wenig zu tun. Zeit also, die ersten Eintragungen im Logbuch zu machen.

Fein säuberlich wird notiert, welche drei Menschen sich wann und wo auf „Lady Elliot" zum Törn eingefunden haben.

Logbuch ist unerhört wichtig. Ist so was wie die Bibel an Bord. Nur die Wahrheit gehört dort rein, nichts als die Wahrheit. Von Hand geschrieben, Seiten rausreißen ist nicht drin. So wahr mir Neptun helfe. Also alles über Kurs, Wetter, Seegang, Crew und was sonst so passiert.

Nu' will ich aber mal so sagen. Papier ist bekanntlich und zum Glück geduldig. Das ist auch gut so. In der Praxis nämlich opfern viele private Seefahrer eine Menge Zeit damit, die Sache mit dem Aufschreiben zu relativieren. Also leicht hinzubiegen, ich nenne das mal angepasste Realitätsfindung.

Lass' dir ein Beispiel geben. Es soll Herrencrews geben, die nehmen manchmal reizende weibliche Gäste an Bord. Diese Damen sind lerneifrig und kennen sämtliche Kojen. Nur eines wird diese besondere Spezies der Weiblichkeit nie schaffen – eine namentliche Erwähnung im Logbuch.

Wieso?

Die Erklärung ist einfach. Kenner unterscheiden grundsätzlich zwischen vier Arten von Crews, wie man wissen muss. Da haben wir zunächst reine Herrencrews und dann im Zeitalter der angeblichen Gleichberechtigung die Nur-Damenteams. Letztere bilden gleichwohl unverändert eine große Ausnahme. Deshalb fallen sie hier durchs Rost.

Die beiden zusätzlichen Möglichkeiten sind geschlechtlich gemischte Besatzungen, die es in zwei Varianten gibt. Form A einer gemixten Mannschaft identifiziert der Experte schon aus der Entfernung eindeutig. Funktioniert höchst einfach, wenn man das Prinzip einmal verstanden hat.

Bei dieser Möglichkeit A, vorzugsweise in der Hauptsaison unterwegs, sind echte Paare an Bord. Also solche mit Trauschein oder zumindest zusammenlebend. Auf solchen Schiffen ackern die Frauen im Bier-Service und werden beim Anlegemanöver lautstark zusammengestaucht.

Bei Variante B agieren die Herren stets dynamisch und mit eingezogenem Bauch. Da geben sie den Service, schenken lächelnd vorzugsweise Champagner oder ähnlich Prickelndes ein. Sie holen Sonnencreme und beim Anlegen fällt kein lautes Wort.

Die so umsorgten Damen sind in der Regel reizend, mit hoher Wahrscheinlichkeit den Ehefrauen jedoch unbekannt.

Als moralisch gefestigter Mensch lehne ich solche Besatzung ab. Vor allem auch deshalb, weil ich allergisch gegen jegliche Art von Mehrarbeit bin.

Bleibt die Herrencrew. Das bedeutet permanenter Ausnahmezustand. Egal, wie lange die Beteiligten sich schon kennen. Egal, was die Typen früher und an anderen Orten zusammen durchgezogen haben. Und egal, wie viele Friedensschwüre man sich nach dem letzten Törn hoch und heilig versprochen hat.

Ausnahmezustand ist jedenfalls immer. Warum das so ist? Logisch doch. Mit dem ersten Schritt an Deck ist jeder im Grunde seines Herzens überzeugt, der einzige Top-Mann zu sein. Nur er kennt sich mit Wind, Wellen und dem idealen Kurs richtig aus.

Die anderen? Schwamm drüber. Bestenfalls.

Niemand vergeudet auch nur eine Minute damit, seine Fähigkeiten realistisch einzuschätzen. Ein Skipper darf dieses Naturgesetz in keiner Minute des gemeinsamen Törns vergessen.

Meine Pappenheimer haben von Nautik weniger Ahnung als die meisten Politiker von Politik. Trotzdem wird jeder irgendwann seinen Senf dazugeben.

Wann ist schon klar. Garantiert zu unpassender Gelegenheit. Vorzugsweise dann, wenn es ausnahmsweise schnell gehen muss und du wirklich keine Zeit hast, lange zu sabbeln und die Kernpunkte des Lebens zu diskutieren.

# Alptraum Anlegemanöver

Jeder Törn endet mit dem Anlegemanöver. Okay – fast jeder. Wenn du während der Fahrt untergehst, gilt das natürlich nicht. Aber sonst stimmt das hundert Pro.

Dieses Festmachen ist die heikelste Phase, gerade mit einer Deppen-Crew. Da mausert sich unmittelbar vor dem Ziel selbst der gemütlichste Ausflug häufig zum ungewollten Abenteuer.

Wieso?

Die Problematik liegt an dem, was ein Boot von einem Auto wesentlich und entscheidend unterscheidet. Schiffe haben keine Bremse. Deshalb ist Einparken auf See im Vergleich mit dem gleichen Vorhaben an Land überaus vertrackt.

Auf der Straße grinst du natürlich spöttisch, wenn einer vorwärts und rückwärts hoppelt. Vielleicht nervt dich das auch. Und für den Einparktrottel ist die Sache peinlich. Damit hat sich das denn aber auch schon. Mehr passiert in der Regel nämlich nicht, womöglich ist noch leichter Blechschaden drin.

An Land wird alles irgendwann gut wegen der Bremsen. Ein höchst sinnvoller Einbau. Die Dinger haben sich übrigens erst Jahrzehnte nach Erfindung des Autos durchgesetzt.

Ursprünglich wollten unsere Ur-Ur-Ur-Ahnen mit ihrem Tut-Tut vor allem vorwärts kommen. Jedenfalls haben sie in den Pionierzeiten keinen Gedanken ans kontrollierte Stoppen vergeudet.

Auf dem Wasser sieht die Welt komplett anders aus. Was hier nicht im ersten Anlauf klappt, mutiert in den meisten Fällen sehr schnell und gelegentlich sofort zu komplizierten Manövern. Die werden umso diffiziler, je ungünstiger Wind und Strömung es mit dir meinen. Du hast den sicheren Hafenplatz vor Augen. Und plötzlich ist Schluss mit Lustig. Da droht in Sekunden ein perfektes Horror-Szenarium.

Wer diesen Alptraum einmal erlebt hat, sorgt vor. Aus reinem Selbsterhaltungstrieb stimmt der Skipper seine Mannschaft ernsthaft und sorgfältig auf die Minuten der Wahrheit ein. Jeder an Bord erhält eine klar umrissene Aufgabe zugewiesen.

Darin liegt die erste Pflicht des Verantwortlichen: Unmissverständlich einteilen, wer was wann und auf welcher Seite des Schiffes erledigen soll. Wobei mancher Mitreisende eine Art Spezialaufgabe erhält, die regelmäßig sehr am Selbstbewusstsein des Gemeinten knabbert: „Du gehst jetzt erst mal unter Deck, sonst stört das."

Und der Skipper betet im Stillen oder fleht im Geiste Neptun an. Je nachdem, woran er mehr glaubt: „Lass' diese Bande von Ahnungslosen wenigstens hier und heute ihren Part begriffen haben!"

Die unaufhaltsam näher rückende Apokalypse wird leicht abgeschwächt, wenn der Skipper vorher schon einmal in dem Hafen war, den er gerade anlaufen möchte. Ausnahmsweise gilt hier nicht, dass zu viel Wissen verwirrt. Wer nämlich die Gegebenheiten vor Ort kennt, kann seine Anweisungen rechtzeitig geben und muss damit nicht bis zur letzten Sekunde warten. Das mindert die Zahl der drohenden Gefahren erheblich.

Soweit also alles voll im Lot. Der Jachthafen von Burgtiefe auf Fehmarn ist praktisch ein alter Bekannter. Außerdem musst du immer und besonders auf See optimistisch bleiben.

Drei Meilen vor der Ansteuerung, das sind rund fünfeinhalb Kilometer, beginne ich auf dem Achterdeck also mit der Instruktion. Eine halbe Stunde bleibt noch bis zum Ziel. Lang genug, damit mein Trio alles in' Kopf kriegt. Und kurz genug, damit die Ahnungslosen nicht alles wieder vergessen haben.

„Die haben da Boxen". Als erstes sollte der Skipper stets das Grundsätzliche loswerden.

Boxen hat in diesem Fall nichts mit der sportlichen Betätigung zu tun. Boxen meint hier die am weitesten verbreitete Art einer Anlegemöglichkeit in deutschen Ostseehäfen. Wer unbeleckt von jeder Ahnung ist, sollte sich die so vorstellen:

Etwa 15 Meter vom Steg entfernt sind Pfähle ins Wasser gerammt. So weit auseinander, dass jeweils eine Jacht bequem dazwischen reinschlüpfen kann.

Da musst du durch. Am besten ganz langsam. Willst schließlich keinen Nachbarn rammen. Also vorwärts vorsichtig rein. Manche machen das auch rückwärts. Nennt sich dann „römisch-katholisch". Warum das so heißt, weiß der Geier und wird vorzugsweise im Mittelmeer praktiziert.

Ich bevorzuge stets die klassische Ostsee-Variante mit Bug voraus.

Wenn das Schiff zwischen den Pfählen ist, gibt es den einen kleinen, aber entscheidenden Punkt sorgfältig zu erledigen. Hinten müssen deine Leute nämlich auf jeder Seite eine Leine über die beiden Pfosten bringen.

Das ist praktisch die Bremse.

Je nach Schiffslänge werden die Leinen soweit nachgegeben, dass der Bug kurz vor dem Steg abstoppt. Ist das erledigt, kommt der Rest. Fender an beiden Seiten raus, zwei Leinen zum Land. Ein Kinderspiel für eingeübte Leute. Aber in diesem speziellen Fall…

„Die haben da Boxen", wiederhole ich also zur Vorsicht. Einstein, der Professor und Hans nicken: „Klar doch!"

„Wichtiger als alles andere ist, zwei Leinen achtern mit einem großen Auge backbord und steuerbord über die Pfähle zu bringen. Sonst donnern wir vorne gegen den Steg."

Das Trio nickt, aber nicht mehr so überzeugend.

„Welches Auge?", fragt Hans.

Ich begreife meinen Fehler. „Auge ist so was wie eine Schlaufe, die sich nicht zusammenzieht."

„Was ist noch mal Backbord?" Siggi unterbricht das Stopfen seiner vierten Pfeife. „Links oder rechts?"

Ruhig bleiben.

„Backbord ist links, Steuerbord rechts. In Fahrtrichtung gesehen. Und achtern ist hinten!"

„Bist du ganz sicher? Backbord ist links, in Fahrtrichtung gesehen?" Volker will das genau wissen. Ich nicke. Jetzt haben die drei begriffen.

„Also, Siggi nimmt die Backbordleine, Hans die andere."

„Steuerbord, ich verstehe!" Er platzt fast vor Eifer.

„Und ich?" Professor Volker fühlt sich ausgeschlossen. „Wenn ich bei diesem Manöver nicht gebraucht werde, muss man mir das nur sagen!"

Er ist nur noch mühsam beherrscht. Sein Einwand wirft einen Spot auf ein weiteres Problem der Herrencrews. Wahlweise durch zu viel oder zu wenig übertragene Arbeit sieht sich der einzelne blitzartig ins Aus gestellt.

In diesem Fall ist die vermeintliche Diskriminierung zum Glück leicht zu entkräften. „Warte doch ab. Du hast die wichtigste Aufgabe."

Er nickt befriedigt, der aufkeimende Ärger ist verraucht: „Das ist im Interesse der Sicherheit wohl auch gut so."

Ich weise ihn ein: „Wenn hinten alles klar ist, springst du auf den Steg und machst die vorderen Leinen fest. Du beginnst mit der Seite, von wo der Wind kommt. Dadurch wird das Schiff in Position gehalten und treibt nicht unkontrolliert weg."

Volker nickt gönnerhaft: „Das versteht sich von selbst."

Ich könnte schwören, dass ihn nicht der Hauch einer Ahnung trübt. Wenn die Seegötter es wollen, wird er zufällig die richtige Seite zuerst belegen. Immerhin ist seine und damit unsere Chance fifty-fifty.

*****

Wir steuern in die betonnte Fahrrinne von Burgstaaken und Burgtiefe ein. Kein Problem. Rot links, grün rechts. Die Tonnen erkennt sogar Siggi mit seiner milchglasdicken Brille.

Im Übrigen steht er aufrecht wie Westernheld Django vor dem entscheidenden Duell an seiner Seite, die Leine fest in den Händen. Hans lümmelt sich an Steuerbord auf der

Backskiste. Die Leine liegt immerhin in greifbarer Nähe. Warum nicht, noch ist Zeit, nur keine Aufregung.

Etwa auf Höhe der schrecklichen Hochhaussilos teilt sich die Fahrrinne. Geradeaus geht es weiter in den alten Fischerhafen von Burgstaaken, rechts zur Marina. Sie ist unser Ziel.

Mit langsamer Fahrt schwenken wir ab nach Steuerbord. Alles völlig easy, obwohl der Wind seit einiger Zeit deutlich zugenommen hat. Säule Siggi ruft Hans zur Ordnung: „Im Liegen wirst du bestimmt nichts machen können."

Er reagiert, erhebt sich gemächlich und nimmt den ihm zu gegebenen Platz ein. Noch immer ist alles prima und verläuft wie geplant.

Mittelpunkt des Hafens von Burgtiefe ist eine kreisförmige Steganlage. Innen und außen können Schiffe festmachen. Zusätzlich gibt es einen neuen Steg parallel zum äußeren Wellenbrecher.

Hier sind einige schwimmende Ferienhäuser fest vertäut, noch verwaist zu dieser frühen Jahreszeit. Außerdem sehe ich nur einen riesigen Katamaran, ansonsten sind alle Plätze frei.

Damit fällt mir die Entscheidung leicht: „Wir gehen hinten hin, wo der Dicke liegt. Da sind die Boxen zwar breiter, als wir sie eigentlich brauchen. Doch wir können in aller Ruhe unser Manöver durchziehen."

Den Rest behalte ich unausgesprochen für mich: Es guckt keiner zu, wenn was furchtbar in die Hose geht. Bei euch Pappnasen ist das nicht auszuschließen.

Meine Mannschaft nickt. Volker marschiert wie geplant nach vorn, Hans und Siggi halten die Schlaufen in der Hand, um sie beim Vorübergleiten mit souveräner Kennerschaft über die achterlichen Poller zu legen.

Der Wind hat weiter aufgefrischt. Beim eigentlichen Anlegen wird er direkt seitlich von Backbord einfallen, wie zumindest mir ein Blick zu den Flaggen an Land ohne jeden Zweifel zeigt.

Die Crew dagegen ist voll mit den eingeteilten Aufgaben beschäftigt und dürfte dieses wichtige Detail kaum registrieren.

„Lady Elliot" ist eine in Finnland gebaute Nauticat. Die haben einen relativ hohen Aufbau mittschiffs. Das macht sie mordsmäßig gemütlich, was den Platz drinnen angeht. Aber dadurch sind sie auch besonders windanfällig.

Das ist einfach so. Da kannst du nicht drüber diskutieren. Und deshalb kriegt Siggi auch eine Extraanweisung: „Ich steuere die Box ganz eng und sehr langsam an deiner Seite an. Zack, die Leine rüber und festmachen. Hans hat etwas mehr Zeit. Der Wind drückt uns automatisch locker zu ihm nach Steuerbord."

Beide nicken, hochkonzentriert.

Dann ist der Bugspriet von „Lady Elliot" in der Box, jetzt das Vorschiff. Der große Moment von Siggi steht unmittelbar bevor.

Genau in dieser Sekunde, ehrlich, legt der Holländer in aller Seelenruhe seine Leine aufs Deck. Das sehe ich am Ruder aus den Augenwinkeln.

Dann latscht er auch schon an mir vorbei und zottelt gemächlich nach vorne zu Volker. Irgendetwas scheint ihm gerade in dieser Minute überaus notwendig zu sein.

Die Erinnerung hätte mich warnen sollen. Siggi war seit jeher ein Anhänger des gepflegten Gesprächs. Kommunikation ist ihm wichtig. Die Situation als solche und tatsächliche Gegebenheiten werden für ihn dann vollständig nebensächlich. Und es spielt auch keine Rolle, wenn man sich aufgrund der speziellen Lage eigentlich keinen Fehler leisten sollte.

Während wir jetzt also ebenso gleichmäßig wie zuverlässig und unabänderlich vom kräftigen Wind nach Steuerbord gedrückt wurden, ich machtlos bin und ohnehin das komplette Manöver zumindest momentan zur traurigen Ulknummer verkommt, fällt mir die Sache mit dem alten Jachthafen von Warnemünde wieder ein.

*****

Der Ortsunkundige stellt sich den am besten wie eine Sackgasse vor. Sie zweigt praktisch von der Route der großen Pötte mit Fahrtziel Hafen Rostock ab und ist parallel dazu angelegt.

Wer von See kommt, muss ziemlich vorne rechts rein. Um die Gegebenheiten mal so zu beschreiben, wie der Professor nautische Angaben auszudrücken pflegt. Die Seekarten formulieren anders und nennen diese Rinne „Alter Strom".

Warnemünde ist mit Recht ein zunehmend beliebtes Ziel für Jachtmenschen geworden. Die historischen Gebäude auf beiden Seiten des Wasserwegs sind größtenteils liebevoll restauriert. Eine Fülle kleiner Läden mit dem üblichen Touristen-Schnickschnack und jede Menge gemütliche Kneipen locken.

Wobei zumindest einheimische Menschen etwas nervt, was anfangs bejubelt wurde. Warnemünde hat sich zum geschätzten Ziel für Kreuzfahrer gemausert. So tummeln sich fast täglich und häufig bis zu drei Schiffe an den Piers.

Was dafür sorgt, dass jeweils um die 5000 Schiffs-Touristen die engen Gassen drangvoll bevölkern. Längst wollten auch Umweltschützer und kritisieren die Luftverpestung durch die riesengroßen Cruiseliner. Es ist wie überall, wo der moderne Tourismus Einzug gehalten hat. Die Geister, die man rief, sind irgendwann nicht mehr loszuwerden.

Der Kenner hat übrigens sicher gemerkt, dass nicht vom neuen Warnemünder Jachthafen die Rede ist. Der nennt sich vielversprechend „Hohe Düne". Wobei der Geier wissen mag, wo die Sandhaufen sich verstecken. Vielmehr liegt die Anlage wenig romantisch im Schatten vor einer Luxus-Hotelanlage und wird direkt von der offenen See aus angesteuert. Insgesamt wurde das ganze etwa eine halbe Meile vom alten Strom entfernt hingepflanzt.

Allerdings ist dieser neue Hafen ein paar Nummern zu mächtig geraten. Obwohl – und das soll nicht verschwiegen werden – er wegen seiner Größe garantiert immer einen Anlaufplatz bietet. Selbst dann, wenn die Hansesail prächtige Großsegler nach Warnemünde lockt. Vor allem jedoch bietet er sanitäre Anlagen, die an der gesamten Ostseeküste ihresgleichen suchen. Schwimmende Dusch-Flöße direkt an einer Reihe von Stegen, eingerichtet nur vom Allerfeinsten, sorgen für kurze Reinlichkeitswege. Die angrenzende Hotelanlage hat durchaus auch ihre Vorzüge mit einer Reihe von ganz unterschiedlichen Restaurants.

Das gesamte Ensemble wird sicher keinen Preis für betörende Gemütlichkeit gewinnen. Doch alles in allem liegt der Segler hier deutlich angenehmer als im Hafen am Alten Strom. Deshalb laufen heute nur noch puristische Nostalgiker und Fans von ständiger Schaukelei, verursacht durch die Flotte von Ausflugsbooten, diese Erinnerung an frühere Zeiten an.

Schluss mit dem Sidestep, wie das neudeutsch heißt. Zurück zu den Geschehnissen, damals am alten Hafen. Wer von hier aus zurück auf die Ostsee will, muss logischerweise einmal die Hauptfahrrinne queren, um wieder auf die vorgeschriebene rechte Seite zu manövrieren. Schipperei und Straßenverkehr haben da was Gemeinsames. Du sollst rechts fahren.

Im Prinzip und bei schönem Wetter mit guter Sicht ist das ein Kinderspiel. Es stört überhaupt nicht, dass durch Barkassen, Frachter, Fähren und Segelschulen gelegentlich nur wenig Wasser zwischen den verschiedenen Booten schwappt.

Als wir an jenem denkwürdigen Tag ablegten, umgab uns zunächst eine mitteldicke Suppe. Gleich Watte waberten Fäden über die See und trübten den freien Blick.

Ich schickte deshalb Einstein und den Professor zum Bug. Klarer Auftrag: „Seid aufmerksam wie einst die Leute von Kolumbus beim Ausguck nach dem erhofften Land. Alles beobachten und Lauscher weit auf, um fremde Motorengeräusche rechtzeitig zu orten." Denn wenn man nicht sehen kann, sollte man wenigstens hören.

Sie begriffen ihre Aufgabe sofort und marschierten gehorsam nach vorn. Dort legten sie nach Indianerart die linke

Hand waagerecht an die Stirn, um etwaige Sonnenstrahlen abzublocken und unerhörte Wachsamkeit auch optisch zu demonstrieren. Vielleicht wollten sie mich allerdings auch nur verarschen.

Wir tuckerten langsam los. Die mitteldicke Suppe hatte sich mittlerweile zur grauweißen Pampe gemausert.

„Keine Gefahr in Sicht!", meldeten die beiden im Chor. Wohl deshalb gaben sie gleichzeitig ihre Winnetou-Haltung auf. Ich beobachtete von achtern am Ruder, wie sie Pfeife und Zigaretten herauskramten. Die Entflammung des Rauchwerks schien Probleme zu bereiten.

Jedenfalls traten die beiden dicht nebeneinander und schirmten mit den nunmehr geöffneten Segeljacken das flackernde Feuerzeug sorgfältig gegen den Wind ab.

Ich steuerte gerade in dem Moment aus dem „Alten Strom" ins Hauptfahrwasser, als die Pampe sich in dichtesten Nebel verwandelte. Rundum türkisches Dampfbad.

Nur noch schemenhaft erahnte ich in gut zehn Meter Entfernung mein Sicherheitsteam. Dennoch war unverkennbar, dass die Anzündeaktion erfolgreich abgehakt war. Zigarette und Pfeife qualmten.

Gleichzeitig hatten die zwei es sich auf Ankerwinsch und Deck bequem gemacht. Offensichtlich ging es darum, ein weltbewegendes Schicksalsthema spontan zu lösen.

Da muss der Skipper in Phase eins ruhig durchatmen. Hinlaufen und ohrfeigen funktioniert nicht. Weil – wer steuert sonst?

Meckern bleibt als Notlösung. Ich formulierte im Geist eine besonders boshafte Spitze. Nur loswerden konnte ich sie nicht mehr. An Backbord schälte sich plötzlich der mächtige Bug eines Frachters aus dem Nebel. Ehrlich, der Bursche war weniger als eine Steinwurfweite entfernt. Und ich kann nicht mal besonders weit schmeißen. Unseren Großmast taxierte ich auf deutlich niedriger als sein Deck.

Da vergisst du ziemlich flott alle verbalen Bösartigkeiten dieser Welt. Mir fiel schlagartig ein, was irgendwann ein richtiger Kapitän drastisch-plastisch am Stammtisch in die Runde geworden hatte: „Mit so einem Dampfer merkst du nicht mal, wenn der eine von euren Nuckelpinnen übermangelt. Von wegen ausweichen – Quatsch! Das ist auch technisch unmöglich. Die Reaktionszeit ist viel zu kurz, kein großes Schiff kann in den notwendigen Sekunden-Bruchteilen manövriert werden."

Einstein und der Professor indes blieben von so düsteren Prophezeiungen unbeleckt. Der eine stopfte gemütlich das Pfeifchen nach, der andere blies gedankenvoll Rauchringe in die nebeldichte Morgenluft.

Zum Glück stand Neptun auf meiner Seite. Vollgas zurück. Herr Gustafsson im Bauch von „Lady Elliot" stöhnte gequält auf, die Pferdchen ackerten los.

Mit vollem Karacho ab nach achtern. Zwischen unserem Bugspriet und dem blau lackierten Schiffsrumpf hätte nicht einmal das schmale Bändchen der Kollisionsverhütungsvorschriften gepasst. So ähnlich jedenfalls.

Volker und Siggi schreckten hoch, als das Notmanöver praktisch schon gegessen war.

„So was aber auch!", schimpfte der Professor. „Eine Sekunde dreht man sich um und gleich ist die Hölle los!"

Unklar blieb, ob er damit mich oder den Frachter meinte, dessen Heck gerade eben zügig an uns vorüber glitt. Seine Kielwellen schaukelten uns kräftig durch. Dann wieder Nebel überall.

Ich atmete tief aus. Siggi staunte mit der Pfeife in der Hand die wieder geschlossene weiße Wand an. Nix mehr zu sehen von dem Riesen.

Im zweiten Anlauf sind wir damals stressfrei auf die richtige Seite und anschließend ins offene Wasser gekommen. Zumindest bei dieser Weiterfahrt von Warnemünde nach irgendwo waren die Jungs richtig aufmerksam.

Geht doch. Nur kannst du allerdings nicht jedes Mal mit einem Frachter Streit machen, damit Ordnung an Bord herrscht. Darin liegt das Problem.

***** 

Zurück in den Hafen von Burg. Meine drei Pappenheimer sind zwischenzeitlich zu Statuen erstarrt. Hans hält seine Leine in der Hand und den Mund weit offen. Volker steht auf dem Bugspriet, Siggi kauert leicht geduckt etwa drei Meter von ihm entfernt.

„Was zum Henker machst du da vorne?", brülle ich ihm nach. Er dreht sich erschrocken um. Immerhin ist er blass geworden. Gleich beißt die Schlange zu. Das war's dann mit dem Kaninchen.

„Sind eigentlich alle Holländer so blöde?"

Siggi ist zum großen Haufen Elend geschrumpft: „Ich wollte nur sehen, wie Volker auf den Steg springt."

„Soll ich springen?"

Der Professor scheint zu allem entschlossen. Schließlich treiben wir zügig weiter Richtung Steuerbord. Inzwischen fast parallel zum Steg. Wind und Strömung haben den Bug spielend gedreht.

Gut zwei Meter Luftlinie liegen zwischen Bugspriet und dem Land, dazwischen kaltes, dunkles Ostseewasser. Volker überschätzt eindeutig seine Sprungkraft.

Ich winke resigniert ab: „Wenn du das aus dem Stand schaffst, übernehme ich direkt das Management und melde dich für Olympia an."

Zum Glück haben wir in dieser verwaisten Ecke des Hafens ausreichend Platz zum Manövrieren und für den neuen Anlauf alle Zeit der Welt. Zeugen für den schmachvollen ersten Anlegeversuch kann ich keine entdecken. Der Katamaran an Backbord schaukelt alleingelassen vor sich hin.

Irgendwann liegt „Lady Elliot" trotz allem sicher und korrekt in einer Box.

Hans ergreift selbständig das Wort, eine absolute Novität: „Alles heil geblieben, keiner über Bord gefallen. Das ist für den Anfang gar nicht schlecht!"

„Genau! Was soll also diese gesamte Aufregung?"

Siggi hat jeden Gedanken an seinen Katastrophenpatzer längst erfolgreich verdrängt. Theoretisch ist ihm wahrscheinlich sogar klar, welchen Bockmist er fabriziert hat. Was eine Wiederholung allerdings keinesfalls ausschließt. Kein Skipper darf jemals erwarten, dass ein Besatzungsmitglied aus Fehlern lernt.

Immerhin ist Siggis nächste Idee akzeptabel. Er erobert geradezu verlorenen Boden zurück: „Ich hol' das Einlaufbier." Schon flitzt er los.

Ein fast heiliges Ritual. Im neuen Hafen wird erstmal angestoßen. Eine Pulle für jeden und ein Schuss Sherry über Bord. Für Neptun. So gehört sich das.

Vier Flaschen klicken aneinander. Ruhe und Friedfertigkeit machen sich an Bord breit. Auch über den nächsten Programmpunkt sind wir uns ohne Diskussion im stummen Verständnis einig.

Durch den allmählich dunkler werdenden Abend schimmert die Neonreklame der Hafenkneipe. Richtig einladend, dieses Lämpchen.

## Liveshow in der Hafenkneipe

Direkt in jeder Marina oder zumindest in der unmittelbaren Umgebung ist ein solcher Ort angesiedelt. Garantiert. Wer die Kneipe nicht ohne langes Rumeiern findet, sollte gar nicht erst aufs Wasser. Vermutlich wird ihm dann auch das Navigieren misslingen.

Diese Lokalitäten heißen im Prinzip alle gleich. „Bei Erna" oder „Bei Trude" oder so ähnlich. In Grömitz gab es mal ein Teil, das nannte sich irgendwas mit „Chill out". Wollte kein Mensch, immer tote Hose. Nebenan lockte „Liese-Lotte", mit Bindestrich. Doppelt hält besser. Knallvoll bei durchwachsener Freundlichkeit. Wie gesagt, der Name bringt den Umsatz.

Wofür braucht der segelnde Zeitgenosse die Hafenkneipe?

Logisch, antwortest du, zum Schlucken. Stimmt, aber nur teilweise. Sie ist weit mehr, als der ideale Platz für „hoch die Tassen!"

Vor allem nämlich ist das der Treffpunkt für jeden segelnden Lügenbaron und gleichzeitig die Bühne für allerbeste Comedy-Shows. Live und aus dem prallen Leben gegriffen. Kann ohne Schnitt und Proben direkt gesendet werden. Vielleicht nicht gerade bei Arte. Aber wer leichte Zerstreuung zur abendlichen Erholung braucht, würde unbedingt einschalten. „Dschungelcamp" oder die Suche nach einem neuen deutschen Superstar sind kalter Kaffee dagegen. Dabei wissen die Protagonisten der Show meist nicht einmal, dass sie für beste Unterhaltung sorgen.

Vorab allerdings erstmal eine wichtige Grundkenntnis: Der zufällig reingeschneite Gast darf dort nie und unter keinen Umständen auf Gleichberechtigung hoffen. Wenn es noch irgendwo eindeutige Zweiklassengesellschaften gibt, dann in solchen Hafen-Etablissements. Entweder wird man umtüdelt oder abgefertigt.

Top-Karten haben nur die Stammlieger. Menschen also, deren Boote am Kneipenort ihren Heimathafen haben. Diese Typen werden per Handschlag und namentlich begrüßt. Manchmal auch mit Küsschen von der Wirtin, was viele als den wahren Ritterschlag begreifen.

Natürlich müssen diese Privilegierten keine Sekunde warten. Egal, ob die Kneipe rappelvoll oder leer wie der Bundestag am Freitagnachmittag ist. Selbstverständlich kriegen sie in lobenswertem Tempo wahlweise flüssige oder feste Nahrung. Gelegentlich werden sie sogar durchaus sehr ordentlich bekocht.

Und jetzt kommt die Sache mit den Münchhausens dieser Welt. Schleich dich in einer x-beliebigen Hafenkneipe mal dichter an das Segler-Völkchen ran. Lauscher auf. Der Mund geht dir gleich danach von alleine offen.

Vor Staunen. Denn du wirst Geschichten hören, die sich eigentlich niemand auch nur erträumen kann. Jules Verne mit seinen Abenteuern unter dem Meer, Karl May mit seinen Indianer-Storys oder sämtliche See-Kämpfe, die Hornblower jemals ausgefochten hat, sind kalter Kaffee dagegen.

Unter Windstärke 10 läuft keiner jemals aus. Die Wellen – jeder Tsunami gleicht dagegen einer Ebbe. Laufend retten diese Helden der Seefahrt Schiffbrüchige aus allergrößter

Not und immer schrammt ihr Leben auf der hohen See haarscharf am Ende vorbei.

Kann doch überhaupt nie nicht sein, meinst du? Stimmt, ist auch nicht. In Hafenkneipen hat „He lücht" Hochsaison. Deutlich gesagt – alles gesponnen. Aber spannend anzuhören ist es allemal...

Alle Gäste außer den Stammliegern sind mies dran. Mehr oder weniger. Ist aber voll logisch und menschlich verständlich. Warum sollten Bedienung und Chef sich um Leute bemühen, die rein zufällig und vermutlich nur einmal in der laufenden Saison ihre Nasen in den Laden stecken? Na also – würden wir auch nur mäßig nett sein. Das musst du hinnehmen wie Regen und Schnee. Akzeptieren, keinesfalls aufregen. Bevor sich diese gängige Praxis ändert, siedeln Pinguine am Nordpol.

Auf dem unangefochtenen Spitzenplatz der Negativ-Liste stehen Crews von Charterjachten. Schilder mit einem diskreten „Wir müssen draußen bleiben" an der Eingangstür sind zwar die große Ausnahme. Obwohl – möglich ist heutzutage alles. Und Neuerungen gibt es in jeder Saison...

Was macht diese Eigner auf Zeit volle Breitseite zu Verlierern?

Genau das, ihr beschränkter Besitzer-Rahmen. Damit fehlt ihnen die technische Grundlage für ein Wiederkommen - das eigene Schiff.

Deshalb sieht jeder Hafenkneipenwirt sie mit höchster Wahrscheinlichkeit nur einmal vor seinem Tresen. Weshalb sie auf der Wertigkeitsskala direkt nach tief unten in den Keller rutschen. Einmal ist keinmal, weiß doch schon der Volksmund.

Diesem Schicksal der Missachtung entgehen Charterer praktisch nie. Enttarnt werden sie eigentlich immer. Sogar von fremdsprachigen Aushilfskellnerinnen.

Im Prinzip outen sich die Mannschaften der Leihboote regelmäßig selbst. Nix Undercover. Sie glänzen beim Einmarsch ins Lokal unisono durch nagelneue Segelklamotten und betont forsches Auftreten. Alle.

Außerdem fallen Chartercrews stets als Horde ein. Immer mit der höchst zulässigen Personenzahl, was die Fassungsfähigkeit ihres schwimmenden Miet-Quartiers anbelangt. Nun musst du nicht denken, dass diese Menschen besondere Fans von drangvoller Enge sind. Dahinter steckt einfach eine nackte finanzielle Überlegung. Leihschiffe sind schweineteuer.

Jetzt kommen wir zur versprochenen Comedy-Show. Reality-Soap der Extraklasse. Die Blödmänner vom Fernsehen haben die Sache bloß noch nie vermarktet. Wer einmal miterleben durfte, wenn Charter-Crews bezahlen wollen, wird süchtig nach diesem Erlebnis. Garantiert.

Die Szene spult sich immer und überall wie nach einem festen Drehbuch ab. Ausgangspunkt: Jeder ist ausschließlich für sich selbst zuständig.

Irgendeiner winkt also, wenn Zahlemann und Söhne gemacht werden soll. Gastronomische Fachkräfte mit der Erfahrung von mindestens einer Segelsaison ziehen sich spätestens dann in ihre Sicherheitszone weit hinterm Tresen zurück. Der Lehrling oder eine Aushilfe muss ran.

Insider an den benachbarten Tischen bleiben auf jeden Fall sitzen und lauschen gespannt, wenn eine Charter-Runde ihre Kohle loswerden will. Und jetzt ziehe ich den Vorhang für die Komödie hoch.

Der Kellner steht also am besagten Tisch und fragt, eine Sekunde lang von Hoffnung getragen: „Geht das alles zusammen?"

Er erntet mit an Sicherheit grenzender Wahrscheinlichkeit eine entrüstete Ablehnung. Dann fliegen die Details auf ihn zu.

„Ich war das Schaschlik ohne."

„Ich hatte zwei Bier und einen Korn!"

„Matjes Hausfrauenart."

„Nein, das war ich. Zusammen mit zwei Halben. Du bist Matjes schwedisch."

„Kannst du mir mal 'n Fünfer leihen? Kriegst du nachher wieder?"

Und am Ende steht häufig eine misstrauische Frage: „Hat der uns nicht drei Kurze zu viel berechnet?"

Einfach wunderbar. Dabei ist das nur die Einleitung.

Zweiter Akt. Der Kellner starrt auf seinen Zettel: „Drei Bier, Pommes und der Malteser sind noch offen!"

„Ich hab' alles bezahlt."

„Kurze trinke ich nie."

„Die Pommes war'n nebenan."

„Kann ich mal den Zettel sehen?"

„Denken Sie an die Quittung für mein Geschnetzeltes!"

Manchmal bleibt trotz allem ein Bier auf der Rechnung unbezahlt übrig. Das ist so was wie die Zugabe nach einem Mega-Konzert. Der ganze Zinnober beginnt sofort von vorn, nur mit gesteigerter Lautstärke.

Ich sag dir – Wahnsinn in Reinkultur. Die Kneipenwirte vergeuden an dieser Stelle bislang eine lukrative zusätzliche Einnahmequelle. Sie sollten Eintritt nehmen für diese Super-shows.


Irgendein hobbysegelnder Mensch hat vor Urzeiten mal einen Top- Einfall gehabt, der bis heute permanent Geld in die Taschen von Hemdenfabrikanten spült. Sie sind ein wirtschaftlicher Dauerbrenner: Schiffsnamen als Aufdruck.

Du musst solche Hemden als stummen Ausruf verstehen, der als Signal aber überall erkannt wird. Es geht nicht darum, den reichen Macker zu geben und mit dem Leibchen zu protzen. Sie dienen vielmehr als Selbstschutz in Hafenkneipen.

Denn damit signalisiert der Träger: keine Charter-Gemeinschaft. Hier tänzeln Eigner in die Kneipe. Das hievt dich zwar nicht auf den Stand von Stammliegern. Die Charterer aber hängst du mit diesem Griff in die Klamottenkiste locker ab.

Genau solche Hemdchen, vorsichtshalber in einheitlicher XXL-Größe geschneidert, ziehen wir vor dem Landgang über. Ganz in blau mit roter Schrift.

Vorne ein hanseatisch-unauffälliges „Lady Elliot". Quer über die Rückenpartie noch einmal groß und deutlich „Lady Elliot". Darunter der   Dienstrang. Gar nicht erst mit der

Gleichmacherei anfangen. Demokratie mag es geben. Allerdings bis heute nicht auf Jachten.

Grundsätzlich ist Demokratie natürlich möglich, aber nicht, wenn ein Skipper in der Nähe ist. Daher also die Hemdchen. Jeder, der lesen kann, erkennt sofort die Bord-Hierarchie.

Beim Skipper prunkt unter dem Schiffsnamen natürlich das Wörtchen „Kapitän". Dann gibt es Shirts mit „Steuermann" und „Sicherheitsoffizier". Siggi reagiert beim Austeilen am langsamsten. Er muss nehmen, was übrig geblieben ist. Deshalb ist bei ihm auf der Heckfront „Mannschaft" zu lesen.

„Irgendwie scheint mir unser Verein zu viele Häuptlinge zu haben", murrt er auf dem Weg in die Kneipe vor sich hin.

\*\*\*\*\*

Apropos „Lady Elliot", der Name unserer schwimmenden Heimat als solcher.

Wer zufällig mal Langeweile hat und unbedingt herumstromern will, dem empfehle ich eine Runde durch irgendeinen Jachthafen. Es birgt hohen Unterhaltungswert, die Namen der Boote zu studieren.

Da zeigt sich, dass der Deutsche als solcher durchaus kreativ ist. Pisa hin, Pisa her. Zumindest, was die Segler und ihren Erfindungsreichtum in dieser Hinsicht anbelangt. Psychologen eröffnet sich hier eine gewaltige Fundgrube, die bislang jedoch ungenutzt vergeudet bleibt.

Vor der eigentlichen Namensgebung sind zunächst das Wo und die Größe zu klären. Wobei die Buchstabenhöhe unmittelbar von der Namenslänge abhängig ist. Es bringt nichts und ist auch nur selten zu sehen, dass sich der Name komplett um das Boot schlängelt. Falls doch, hat der Eigner die Ausmaße seines schwimmenden Domizils erheblich überschätzt.

Klassisch steht der Bootsname an Backbord und Steuerbord und auch noch achtern, dort meist mit dem Zusatz des Heimathafens. Beliebt ist auch, die Schrift auf die Verkleidung des Großsegels sticken zu lassen. Da wirkt sie größer und ist auch im Hafen schon von weitem sichtbar. Manche benötigen diese Methode für ihr Ego.

Zusätzlich zum Bootsrumpf lässt sich der Name natürlich auch auf Schlauchboot oder Rettungswesten verewigen. Das bringt zwar weiter nicht viel, macht jedoch optisch ebenfalls eine Menge her.

Doch nun zum Hauptproblem - Wie kommen Jachten an ihre Visitenkarte?

Der einfachste Weg ist es, seine Ehefrau auf diese Weise zu ehren. Liest sie „Roswitha" oder „Ingeborg" oder wie auch immer sie laut Ausweis heißen mag am Rumpf, sieht ihre Welt gleich schöner aus. Manchmal reicht das sogar zur Versöhnung, wenn die Dame das Geld eigentlich lieber für Möbel, Hüte oder Schuhe hätte ausgeben wollen und nicht in ein schaukelndes Etwas investieren wollte.

Grundsätzlich haben sich bei weiblichen Namen abziehbare Klebebuchstaben bewährt. Das wird dir jeder sparsame Eigner predigen. Denn mit seiner Jacht verbringt mancher Skipper mehr Jahre als mit der auf dem Rumpf genannten

Partnerin. Es ist schlichtweg die günstigste Methode, im Ernstfall die Lettern mit Hilfe eines Föns zu erwärmen und anschließend problemlos vom Rumpf zu ziehen. Manchmal lassen sich gebrauchte Buchstaben noch im Namen für die neue Dame an Bord nutzen, zumindest Teile davon.

Ich halte es allerdings für ein Gerücht, dass extrem sparsame Skipper nach einer Trennung die künftige Lebensabschnittsgefährtin vor allem danach auswählen, dass der vorhandene Schiffsname passt. Auszuschließen ist diese Variante allerdings keinesfalls.

Wertfreier und gern genommen sind Klassiker wie „Moby Dick". Lehrer schreiben ihre humanistische Grundbildung oft mit knappen lateinischen Sinnsprüchen an die Schiffsseiten. Jede Wette: steht „Carpe diem" am Rumpf, ist der Typ Pauker.

Befremdlich wirken auf mich Anleihen bei legendären Windjammern. „Padua" oder „Passat" für eine sieben Meter kurze Kunststoff-Jacht macht nicht wirklich etwas her. Irritieren können auch Namen, die durch Kriegsschiffe vorbelastet sind. Trotzdem kreuzen manche auf einer „Enterprise" oder „Bismarck" herum.

Vorsätzlich witzige Typen gibt es auch. Die taufen ihr Schiff etwa "Steuerfrei" oder "Finanzamtahntnichts". Ich halte das für ungeschickt. Denn theoretisch schlendern auch Steuerbeamte gelegentlich durch Jachthäfen.

Mich würde ein solcher Name schon aus beruflichen Gründen neugierig stimmen. Schließlich enttarnst du beim Namensstudium locker auch Protzhälse. Da steht etwa „Sir Henry IV" am Rumpf.

Betonung auf der Vier. Heißt im Klartext: Ist schon mein viertes Schiff – was bist du dagegen für ein armer Schlucker.

„Lady Elliot" ist immerhin das Produkt wochenlangen Grübelns und durchdachter Nächte. Ursprünglich hieß die Nauticat entsprechend ihrer Herkunft irgendetwas auf Finnisch. Leider ist dies für normal gebogene Zungen eine relativ schwierige Sprache, weshalb allem Aberglauben zum Trotz ein neuer Name gefunden wurde. Denn eigentlich sollen Schiffe nicht umgetauft werden.

Lady Elliot heißt eine der schönsten Koralleninseln im australischen Great Barrier Reef. Ein Ziel, und das den Ausschlag für die Taufe, das irgendwann auf eigenem Kiel angesteuert werden soll.

„Lady Elliot" ankert vor Lady Elliot. Wer sagt denn, dass Träume im einundzwanzigsten Jahrhundert nicht mehr en vogue sind...

# Planung und milder Senf

Burg auf Fehmarn, zu Beginn des zweiten Tages.

Angeblich ist der Weg das Ziel. Nun stimmt nicht jeder Ratschlag der alten Chinesen. Dieser Spruch allerdings ist im Kern völlig richtig. Segler sollten sich davon befreien, die Route vorher zu definieren und sklavisch einzuhalten. Allerdings dauert es regelmäßig ein paar Jahre, ehe ein Skipper zu dieser Einsicht gelangt. Wenn du allerdings soweit bist, ist eine höhere Daseinsebene erreicht. Den meisten bleibt dieser Einsicht jedoch verwehrt.

Im Zeitalter der Elektronik an jedem möglichen und unmöglichen Platz tüfteln zwar viele am Computer mit hochkomplizierter Software eine Route aus. Kannst du meinetwegen gerne so halten, wenn das ein lockerer Zeitvertreib bleibt. Solche Spielerei ist wahrscheinlich spannender als Strümpfestricken, wobei meine Schwiegermutter darüber streiten würde, was sinnvoller ist.

Kompletter Unsinn ist jedoch, diese theoretische Route später ums Verrecken realisieren zu wollen. Wind, Wellen und Wetter haben beim Segeln das Kommando. Das war immer so, das ist so und das wird auch immer so bleiben. Letztlich ist das auch gut so. Damit muss sich der in sich ruhende Eigner arrangieren. Im Zweifel nämlich gewinnen immer die Naturgewalten.

An diesem Morgen blies es auf der Insel Fehmarn anders, als vorhergesagt. Ein angenehmer leichter Wind mit einer Stärke um vier aus Ostnordost. Daran, so versprachen die Menschen vom Deutschen Wetterdienst in Hamburg über den alten, aber noch wunderbar funktionierenden Fastnet-

Empfänger, sollte sich auch für die nächsten Tage nichts ändern.

Ich lege also eine Übersichtskarte auf den Tisch im Deckshaus der Nauticat. Die Besatzung wirkt durchaus interessiert. Siggi rückt seine Brille gerade und freut sich, als er nach kurzer Zeit etwas gefunden hat: „Da ist Fehmarn!"

„Exakt."

Ich klopfe ihm wohlwollend auf die Schulter. Als Skipper darfst du nämlich eine wichtige Führungsgrundregel nie vergessen. Jeder muss gelobt werden, der etwas Richtiges von sich gegeben hat.

„Da sind wir jetzt. Der Wind ist Ostnordost. Was bedeutet das für uns?"

Offensichtlich streift die Frage schon den äußersten Wissensrahmen. Nicht einfach für Landratten, eine Richtung gedanklich auf eine Seekarte zu projizieren. Es ist den Dreien deutlich anzusehen, wie ihre grauen Zellen mühsam ackern.

Volker formuliert professoral und allgemeingültig: „Ostnordost ist gut."

„Wir müssen das nur richtig nutzen!", ergänzt Siggi. „Dann sind wir fein raus."

„Die Planung muss hinhauen!" Auch Hans gibt milden Senf dazu.

Mein Trio nickt sich bedächtig zu. Clever die Jungs, rhetorisch versiert, noch keine falsche Silbe ausgespuckt.

Mal sehen, was passiert, wenn die Leine leicht straffer gezogen wird.

„Alles richtig erkannt. Wohin also?"

„Na, eben hier so...!" Volker zeichnet mit den Händen einen großzügigen Bogen. Zwischen Flensburg, Warnemünde und Bornholm wird weiträumig alles eingeschlossen.

Siggi hilft und riskiert eine etwas präzisere Aussage: „Am besten ist wohl Dänemark."

Solche Momente, geprägt von tiefster Ahnungslosigkeit der Crew, erhöhen das Selbstwertgefühl eines jeden Skippers ungemein. Es lohnt sich, diesen Zustand möglichst lange auszukosten. Dabei hilft der Drei-Stufen-Plan.

In Phase eins gibst du dich einfach nur traurig. Ausgerechnet bei dir sind die größten Trottel an Bord. Es kommt immer gut, in tiefster Resignation ausdauernd den Kopf zu schütteln.

Phase zwei bildet das langsame Zurückfinden in die Wirklichkeit. Dabei tief durchatmen und einen gepressten Seufzer ausstoßen. Unbedingt unverändert stumm und verzweifelt bleiben.

Phase drei schließlich mündet in die Belehrung. „Fangen wir am Anfang an. Ostnordost, das ist so!"

Mein Zeigefinger fährt über die Karte. Siggi allerdings kappt die Demonstration mit einem simplen technisch-praktischen Hinweis: „Wenn du mit deinem dicken Wurstotto auf der Karte rumfuhrwerkst ist gar nichts zu erkennen."

Er fischt den Zirkel aus der Ablage für nautisches Handwerkszeug: „Versuch es damit." Was bleibt dem friedfertigen Skipper in solcher Situation? Zurück zu Phase zwei. Durchatmen. Einfach nur tief durchatmen. Ich mache das und schnappe mir gehorsam den Zirkel.

„Ostnordost. Der Wind kommt also von rechts, aus Osten. Und etwas mehr von oben, weil ein wenig Nord dabei ist. Das ist doch wirklich einfach. Also brauchen wir ein Ziel, das mehr nach links liegt. Im Westen oder Nordwesten. Dann bläst es friedlich von der Seite und wir sind wirklich fein raus."

Volker nickt gönnerhaft. „Hat Hans doch gerade gesagt. Planung ist alles."

Die Gedankenakrobatik endet mit einem demokratisch gefundenen Ergebnis. Wir einigen uns als Tagesziel auf Marstal. Das ist der Hauptort auf der kleinen dänischen Insel Ärö. Bei Siggi Einstein, bekennender Gourmet, kehrt schlagartig die Erinnerung zurück: „Prächtige Städtchen. Im Zentrum liegt dieser wunderschöne alte Kro mit dem gemütlichen Innenhof."

Auch Hans blickt plötzlich wieder voll durch: „Genau. Die Mauern zugewachsen mit diesen uralten Rebstöcken. Eine Scholle hab' ich da verdrückt – Wahnsinn! Die lappte vorne und hinten über den Teller."

Reisen bildet. Immerhin etwas war ihnen von unserem letzten Aufenthalt in der kleinen Gemeinde im Gedächtnis haften geblieben.

Zwar kein Gedanke mehr an das mit Raritäten überfüllte Seefahrtsmuseum. Ein Schatzkästchen aus jener Zeit, als die Einheimischen mit ihren berühmten Marstal-Schonern auf allen Meeren erfolgreich Wale jagten. Kein Schimmer mehr von den pittoresken windschiefen Kapitänshäusern, von denen heute viele leer stehen, weil junge Menschen aus Mangel an Arbeit die Insel verlassen. Nichts mehr von den einsamen Stränden oder den gepflegten Radwanderwegen.

Doch immerhin - das Restaurant hatte dauerhaften Eindruck hinterlassen.

Raus auf See. Gegen 11 Uhr steuern wir „Lady Elliot" nach einem astreinen Manöver vorsichtig aus dem Hafen. Einstein wirkt geradezu euphorisch: „Leider keine Nachbarn. Die hätten ordentlich was lernen können."

Der Professor setzt gewichtig einen obendrauf: „Das kannst du nicht lernen. Das musst du spüren. Das kommt von ganz tief innen raus."

Die beiden nicken sich mit höchstem Wohlwollen zu. Wer sie hört, muss James Cook für einen Dilettanten halten.

Immerhin hat Hans behalten, dass Schweigen Gold ist. Er räkelt sich zufrieden und gemütlich auf der Backskiste an Steuerbord, seinem Lieblingsplatz.

„Lady Elliot" stampft zügig der stählernen Brücke entgegen, die den Fehmarn Sund überspannt.

Kurz vor Zwölf sind wir unter dem Insel-Wahrzeichen durch und passieren wenig später den Abzweig zum Hafen von Orth an Steuerbord. Für alle Ortsfremden: Fehmarn knickt an dieser Stelle in nördliche Richtung ab.

Es ist Zeit für die Segel. Erstmals sollen sie hoch. Wie immer bei dieser Besatzung sehe ich der Aktion mit gemischten Gefühlen entgegen. Zumindest während der Premiere ist regelmäßig höchster Unterhaltungswert garantiert. Du weißt nur im Voraus nie, ob eine Komödie oder ein Trauerspiel gegeben wird.

Die Jungs haben sich mittlerweile komplett auf dem Achterdeck eingerichtet. Genießen Kreuzfahrt mit Motor, der Skipper wird das schon machen.

Von wegen! Schluss mit Lustig.

„Was muss in Phase eins beim Segelsetzen passieren?" Allein die Frage lässt bei der Crew sämtliche Alarmglocken schrillen.

„Pause. Erstmal Pause", murrt Siggi.

Hans nickt stumm, blinzelt aus der Rückenlage zufrieden in die milde Sonne.

Volker wird grundsätzlich: „Haben wir überhaupt abgestimmt? Vielleicht will die Mehrheit in Ruhe weitertuckern."

Jung-dynamische und hyperaktive Skipper neigen in solcher Situation zu Kurzschlusshandlungen. Wahlweise springen sie selbst über Bord, schmeißen ihre Leute ins Wasser oder philosophieren über sofortige Umkehr. Jedenfalls verzweifeln sie an den gesamten Umständen und überhaupt.

Bringt alles nix.

Die ganze Aufregung ist vollständig unangebracht. Beinahe jede Crew gibt erstmal den Lustlosen. Das gehört einfach zu den nirgendwo aufgeschriebenen, dennoch existierenden Spielregeln, wenn ein Herrenteam unterwegs ist.

In aller Regel pendelt sich die Sache nach wenigen Minuten von selbst ein. Zumindest dann, wenn der Skipper mit keinem Ton auf die abwehrenden Sprüche reagiert. Null Stress zeigen, das musst du dir merken. Routine hilft weiter. Also kontrollier' ich Drehzahl, Kurs und falte ansonsten die Hände zufrieden überm Bauch.

Die Methode funktioniert auch diesmal. Es dauert die üblichen Scham-Minuten. Dann dreht mein Trio die Sache komplett um. Als erster schnuppert der Professor unternehmungslustig in den Wind: „Ich denke, wir wollten segeln!" Siggi zeigt auf die beiden nackten Masten: „Ist doch richtig peinlich, so oben ohne!"

Hans schiebt sich von der Backskiste hoch: „Aber bitte klare Anordnungen. Die Aktion muss ruckzuck über die Bühne gehen. Sonst ist das dilettantisch und unser nicht würdig."

*****

Ich muss ganz kurz ein wenig technisch werden. Für alle, die Segeln bislang nur vom Zukucken kennen. Oder nicht einmal das.

Jede Jacht hat jede Menge Segel. Jedenfalls dann, wenn der Skipper lütt beten mehr als nur vorm Hafen kreuzen will. Deshalb gibt es Tuch für normales Wetter, für Sturm oder auch für ganz wenig Wind. Die heißen alle unterschiedlich, aber das kriegen wir später.

Am einfachsten ist die Arbeit mit der Fock. So heißt das vordere Segel fachlich korrekt. Auf den allermeisten Schiffen hat sich die praktische Rollfock durchgesetzt.

Dank dieser Methode ist das Segel in Ruhestellung präzise aufgewickelt. Nix verknüllt, eine hübsche dicke Wurst. Am äußeren Ende sind zwei Leinen befestigt, eine Fockschot für Steuerbord, eine für Backbord.

Je nachdem, auf welcher Seite die Fock gesetzt werden soll- einfach an der entsprechenden Schot ziehen und – Zauber, Zauber - entrollt sich das Segel. Ist Feierabend mit der Fock, gibt es dafür eine dritte Leine. Du ziehst – wieder

Zauber, Zauber – schon dreht sich ein Ding, das Focktrommel heißt, und rollt das Segel dadurch wieder auf. So jedenfalls läuft das Manöver im Grundsatz ab.

Nun ist ein Segel langweilig und bringt bei normalen Windverhältnissen nicht so furchtbar viel an Geschwindigkeit. Also gibt es ein zweites für die alltäglichen Verhältnisse. Das Ding heißt Großsegel und hängt am Mast.

Fock und Groß spielen dann zusammen und sorgen durch Strömung und allen möglichen anderen Kram für mehr Knoten, also höheres Tempo. Wie diese Strömungsverhältnisse genau funktionieren und wie sich die beiden Segel perfekt aufeinander abstimmen lassen, das können wir hier vergessen

Auf modernen Jachten - noch einmal Zauber, Zauber - verschwindet das Groß auch wieder im Mast, wenn du es nicht brauchst. Das Prinzip ist ähnlich wie bei der Rollfock. Praktisch, diese modernen Dinger.

„Lady Elliot" allerdings ist eine betagte, reifere Dame von fast 30 Seejahren. Deshalb ist ihr modischer Schnickschnack fremd. Nix mit Abrakadabra und alle Arbeit ist erledigt.

Das Segel ruht vielmehr aufgetucht auf dem Baum, wie das waagerechte dicke Teil heißt, das am Mast befestigt ist.

Einziges Hilfsmittel bei der Arbeit sind die Lazy Jacks. Zwei Leinentücher, die an jeder Längsseite des Baumes angebracht sind und die mit einem Reißverschluss verbunden und geschlossen werden können.

Im Wartezustand ist das Groß darin wie in einer Tasche wetterfest verpackt. Beim Bergen fällt es dort problemlos wieder hinein und lässt sich so schnell und sicher verstauen.

Den Wermutstropfen an dieser vorzüglichen Erfindung bilden vier dünne Leinen, mit denen die Taschen hochgehalten werden. Logischerweise sind die weit oben am Mast befestigt.

Die Kunst besteht darin, das Segel gerade und zügig in der Mitte zwischen diesen Leinen durchzusetzen. Passiert das nicht, verfängt sich das Tuch darin. Schon ist das Manöver im Eimer, alles geht von vorne los.

Das wissen Sie komplett? Natürlich, ein Experte. Ich höre förmlich, wie Sie das Wort Segeln aussprechen. Mit rollendem, dramatischem L: Segellln. Das klingt nach Sturm, Urgewalt und knirschenden Leinen. Deshalb hätte ich Ihnen die Sache mit den Lazy Jacks selbstverständlich nicht aufdröseln müssen.

Ich dachte bei der kleinen Abschweifung auch mehr an die anderen. An alle, für die Kenner lieber See-geln sagen sollten. Vorne mit zwei E's. Damit Landratten sofort merken, in welchem Element sich das Ganze überhaupt abspielt.

Über diesen kniffligen Punkt mit den Lazy Jacks ist sich der Professor durchaus im Klaren. Gleichwohl ist er unbestrittener Meister darin, für Verwirrungen beim Setzen der Segel zu sorgen. Weshalb ich ihm die Zitterpartie jedes Mal aufs Auge drücke. Er lernt es einfach nicht. Das macht Laune, mir jedenfalls. Und Spaß muss schließlich sein.

Beginnen wir also mit der Arbeitseinteilung.

„Volker setzt das Großsegel. Hans geht mit nach vorn zum Mast und kümmert sich um Baumniederholer und Dirk. Siggi bleibt hier und bereitet alles für die Fock vor.“

„Was ?"

„Wie ?"

Einstein und Hans fallen sich zeitgleich ins Wort.

„Schon gut!" Ich winke ab, ihre Fragen vorausahnend. „Baumniederholer und Dirk kriegen wir später. Siggi bleibt sowieso erstmal bei mir, bis vorne alles klar ist."

Dann steht er dort nicht im Weg, denke ich. Natürlich nur im Stillen. Sonst würde er sich aufregen und etwas von Unterforderung faseln.

Hans und der Professor zotteln ab zum Großmast. Der eine positioniert sich abwartend an der Reling, der andere beginnt fleißig damit, das Großfall zu suchen. Jene Leine, an der er ziehen muss, damit die ganze Geschichte nach oben flutscht.

Ich steuere „Lady Elliot" derweil mit dem Bug in den Wind. Nur in dieser Position ist das Manöver technisch überhaupt möglich. Sobald eine spürbare Brise seitlich einfällt, übt sie Druck und Kraft auf alles Tuch aus. Die Rutscher, mit denen das Segel im Mast hoch gleitet, lassen sich dann nur noch sehr schwer oder sogar nicht mehr bewegen.

„Lady Elliot" dreht gehorsam. Sekunden später fällt der Wind präzise vom Bug her ein. Ich schiebe den Gashebel zurück, nehme die Fahrt weitestgehend aus dem Schiff. Damit ist die Arbeit des Steuermannes in dieser Phase erledigt.

„Wo war noch mal das blöde Ding?"

Volker irrt immer noch auf der nach Backbord gelegenen Seite des Mastes herum und tupft vorsichtig gegen die dort hängenden, sauber aufgeschossenen Enden verschiedener Leinen. Keine von ihnen hat etwas mit dem Großsegel zu tun.

„Du musst rübergehen!"

„Wohin rübergehen?" Er wirkt bereits leicht verunsichert. Hans hält die Reling fest, Siggi wartet ab.

„Nach Steuerbord. Ganz kalt, wo du jetzt anfasst."

Gehorsam wechselt der Professor die Seite, taxiert sorgfältig den Mast.

„Alles klar, jetzt hab' ich wieder den Überblick."

In dieser Situation ist das eigentlich selbstverständlich. Es hängt dort nur eine Leine.

Er packt das Ende und zieht.

Nichts. Das Segel rührt sich keinen Millimeter.

„Du musst das Großfall natürlich erst aus seiner Halterung ausklinken und den Schäkel oben am Segel anschlagen!" Ich stutze wegen des Fachausdrucks, verdeutlichte vorsichtshalber: „Befestigen. Anschlagen bedeutet festmachen!"

Der Professor lässt den Anfang der Leine sausen und sucht ihr Ende. Immerhin findet er es relativ schnell. Der geschlossene Patentschäkel bildet die nächste Schwierigkeit.

„Was ist das jetzt wieder?" Er stöhnt, alles Elend der Welt lastet offenbar gerade hier und jetzt einzig auf seinen Schultern.

„Ziehen! Einfach an dem Stift ziehen. Dann öffnet sich das Ding."

Verbissen hantiert Volker an dem kleinen Eisenteil herum. Ein paar Minuten später ist die Klippe gemeistert. Der Schäkel am Ende des Großfalls hängt tatsächlich in der dafür vorgesehen Öse vom Segelkopf.

„Na prächtig! Jetzt hoch damit."

Volker zieht. Das braune Tuch reckt sich langsam aus den Segeltaschen. Befreit atmet er auf.

Zu früh.

Berauscht vom Glücksgefühl des nunmehr vermeintlich gewonnenen Gefechts übersieht er den umgebauten Fischkutter, der uns mit erlebnishungrigen Hochseeanglern ziemlich schnell entgegenläuft.

Volker spürt nur die Folgen seiner Ahnungslosigkeit.

Im Kielwasser des gedrungenen Motorschiffs schaukelt „Lady Elliot" heftig. Natürlich bringen diese tanzenden Bewegungen den Professor aus seinem Rhythmus.

Und der bereits frei flatternde Teil des Segels ist geradezu gezwungen, sich in den Halteleinen der Lazy-Jack-Anlage zu verfangen.

Das volle Programm. Nichts geht mehr.

Volker schreit dem fremden Kapitän Unflätigkeiten in fantastischen Wortschöpfungen hinterher. Ich staune über seinen verbalen Einfallsreichtum. Siggi erwidert das Winken der fröhlichen Angler. Hans schaut mit unbewegter Miene dem Kutter nach.

Irgendwann jedoch ist der Widerspenstigen Zähmung erfolgreich beendet. Ich drehe „Lady Elliot" auf den ursprünglichen Kurs zurück, bringe das Segel halbwegs in die richtige Stellung und übergebe Siggi das Ruder, um am Mast die Restarbeiten zu erledigen.

„Was ist mit der Dirk?" Hans wartet schon, immerhin auf der richtigen Seite.

„Diese dünne Leine hier. Wenn das Segel oben ist, wird sie praktisch überflüssig. Sonst sorgt sie dafür, dass der Baum nicht aufs Deck kracht. Jetzt nehmen wir sie von der Klampe, geben Leine nach, bis sie leicht durchhängt und machen die Geschichte wieder fest."

Fertig. Fehlt nur noch der Baumniederholer.

„Die hier!" Hans zeigte souverän auf jene Leine, die vom vorderen Drittel des Baumes zum Mastfuß führt. Wahrscheinlich hat er einfach geraten, was im vorliegenden Fall ohne besonderes Risiko möglich war. Es blieb keine weitere Leine übrig.

Ich setze den Niederholer stramm durch, wodurch ein Steigen des Baumes bei bestimmten Winden verhindert wird. „Lady Elliot" legt sich unter dem Druck des Windes leicht auf ihre Backbordseite.

Siggi kündigt eine seiner gefürchteten Spontanaktivitäten an: „Ich mach den Motor aus."

Soll er. Es ist dafür nur ein beschrifteter Knopf zu drücken, was auch er problemlos schaffen sollte.

In harmonischer Vier-Mann-Teamarbeit widmen wir uns abschließend der Fock. Knatternd entrollt sich das große braune Tuch und nimmt den Wind auf.

Ich justiere den Autopiloten. Kurs 320 Grad. Die Aussichten sind hervorragend: „Wenn der Wind so bleibt, rauschen wir ab jetzt immer in eine Richtung. 35 Meilen, bis zum Ziel!"

Ganz ehrlich – so liebe ich das Segeln. Blauer Himmel, leichter Wind, ruhige See. Manche stehen auf schweres Wetter, wenn Sturmböen Wasser über das Deck wischen. Sie müssen deshalb zwangsläufig keine bösen Menschen sein. Ich hab' das mehr mit der Gemütlichkeit.

*****

„Sag' mal, wie geht das noch?"

Hans ist schon wieder unglaublich umtriebig. Er hat sich ein Stück Leine gesucht und fummelt aufgeregt damit herum. „Dieser Knoten, den man fast immer und überall braucht. Wie heißt der gleich?"

Die Frage hat so gewiss kommen müssen, wie der Schlusspfiff beim Fußballspiel. Offen ist jedes Mal nur, wer sich als erster zu seiner Ratlosigkeit bekennt. Ich nutze die Gunst der Stunde für eine Prise Unterricht.

„Palstek. Das Ding heißt Palstek!"

„Genau!" Siggi mischt sich ein.

Er hält jetzt auch eine Leine in der Hand. Zwar ebenso ratlos, doch er markiert den Souveränen. „Palstek! Der Kerl behält nie was. Dabei gehört das wirklich zu den Grundlagen."

Laien sollten dazu wissen, es gibt hunderte von verschiedenen Knoten. Dicke Wälzer mit oft unverständlichen Anleitungen haben Experten damit gefüllt. Tatsächlich jedoch braucht die allermeisten kein Mensch. Zugegeben, einige sehen richtig hübsch aus. Bei langen Fahrten ist das ein herrlicher Zeitvertreib, mit einem Fachbuch in der Hand und ständig einem Fluch auf den Lippen sich an den wirklich komplizierten Teilen zu versuchen. Aber brauchen brauchst du die Dinger nicht. Diese eigentlich überflüssigen Tau-Kreationen haben vor allem auch noch den Zweck, dass man bei Prüfungen für einen Segelschein missliebige Kandidaten durchfallen lassen kann. Motto: Sie können nicht einmal Knoten machen und wollen auf See...?

Ernsthaft sind vielleicht ein halbes Dutzend im Bordalltag durchaus wichtig. Der Palstek gehört unbedingt dazu.

Im Prinzip leisten alle diese Spezialknoten für höchst unterschiedliche Zwecke zwei Dinge: Sie halten absolut zuverlässig und sind nach Gebrauch auch nass problemfrei zu lösen.

Die großzügige Ignoranz meiner Crew in Sachen Knoten ist keine Überraschung. Andererseits stirbt die Hoffnung des Skippers zuletzt. So versuche ich ein weiteres Mal, wenigstens das Geheimnis des Einfachen Palstek, wie er im Unterschied zum komplizierteren Doppelten Palstek fachlich korrekt heißt, näher zu bringen.

„Also, das funktioniert so...“

„Gibt es da nicht diesen Spruch mit der Schlange?“, stoppt Hans mich.

„Genau, dieser Merkvers. Damit flutscht alles wie geschmiert!“, erinnert Volker und streckt sich aus seiner meditativen Sitzposition.

Siggi nickt, als ob Neptun persönlich ihm plötzlich seemännische Erleuchtung eingeblasen hätte und beginnt: „Die Schlange krabbelt vor dem Baum in den Teich, geht wieder raus, um den Baum rum und wieder in den Teich rein.“

Dabei fuhrwerkt er mit einem kurzen Tauende zielgerichtet aber sinnlos um ein langes Ende herum. Am Ende hat er einen erstklassigen Jetzt-geht-nichts-mehr-Knoten fabriziert.

Volker grinst schadenfroh, während Siggi versucht, seine eindeutige Fehlproduktion unauffällig aufs Deck gleiten zu lassen.

„Du hast null Ahnung. Das muss sich natürlich reimen, sonst kann das nie klappen."

Hans mischt sich ein: „Ich kenn' auch einen Reim: „Das Leben ist ein Würfelspiel, der Mensch als solcher weiß nicht viel."

Ich klatsche Beifall. Denn treffender kann niemand die aktuelle Situation beschreiben.

Volker allerdings hat gerade keinen Nerv für Konkurrenz-Weisheiten. Weil ihm so was wie eine vage Erinnerung gekommen ist.

Er schnappt sich ebenfalls eine Leine, nimmt die Enden mit Kennerblick in beide Hände und doziert: „Im Teich, da ist die Schlange drin. Kommt raus, krabbelt zum Baume hin. Geht um ihn rum, gar nicht dumm. Sie fragt, was mach' ich gleich? Und geht zurück zum Teich."

Ein Blödspruch, zugegeben. Doch für Knoten-Blindfische offenbar ziemlich hilfreich. Du musst die Botschaft nur richtig interpretieren.

Also, der Teich, das ist ein Auge, das als erstes zu legen ist. Die Schlange ist das Tauende, das von unten ins Auge geschoben werden muss, damit sie herauskrabbeln kann. Der Baum wird dargestellt durch das Resttau, um den das andere Ende einmal geführt werden muss, um dann wieder von oben im Auge, also im Teich, zu verschwinden.

So ähnlich jedenfalls. Ich bin mehr Knotenpraktiker als theoretischer Knotenbeschreiber.

Schließlich ist mir noch nie klar gewesen, wozu Eselsbrücken überhaupt gut sind. Warum irgendeinen albernen Spruch lernen? Es ist einfacher, lieber gleich die Sache praktisch zu begreifen.

Letztlich und dafür reicht ein flüchtiger Blick, hat auch Volkers gedichteter Knoten mit nichts Brauchbarem Ähnlichkeit und endet gleichfalls als Gewusel an Deck.

Ich gebe nicht auf. „Noch mal von vorne. Ihr nehmt die Leine so in die Hand...“

## Suchschleife zum Hammerhead

Nach etwa sechs Stunden segelndem Nichtstun hebt sich vor uns die flache Insel Ärö aus einer unverändert ruhigen Ostsee. An ihrem südlichen Ende liegt der uralte Hauptort Marstal.

„Rise, rise, Männer! Auf geht's, dann wollen wir mal!" Ich scheuche die dösende Besatzung hoch.

Das Bergen der Segel ist bei friedlichem Wetter einfach wie Eierkochen. Im Prinzip kann nichts schief laufen. Zuerst die Fock einkurbeln, dann runter mit dem Tuch an Besan und Großmast, fertig. Zeit zum Aufklaren bleibt nach dem Festmachen genug.

Den langgestreckten Hafen vom Marstal beherrschen im vorderen Teil alte, doch unverändert aktive Werften. Sturm-geprüfte Fischkutter mit Jahrzehnten auf dem Buckel wer-den dort repariert, neue Frachter manchmal noch zusam-mengeschweißt. Marstal, See und Schiffbau ist in Fachkrei-sen seit Jahrhunderten ein seriöser Dreiklang.

Wie üblich sind die Stege bereits jetzt in der Vorsaison nicht gerade verwaist. Ich bin froh, schon bei der Annähe-rung an die Steganlagen einen Liegeplatz auszumachen. „Wir gehen längsseits an den Hammerhead von Steg 5!"

Die drei reagieren wie erwartet und von mir erhofft. Sie blicken verwirrt. „Wo willst du hin?"

Ich hatte das Nichtwissen einkalkuliert. Der Skipper muss glänzen dürfen und das auch mal demonstrieren. „Hammer-head! Ihr seid einfach nur Ignoranten. In der Seefahrt ist damit das Kopfende vom Steg gemeint."

Zum Glück kennt das Trio die Vorgeschichte nicht. Was war ich ratlos, als mir der Begriff erstmals um die Ohren flog! In Dover ist das gewesen, dem überaus quirligen Hafen am englischen Kanal. Den Unmengen rasender Fähren glücklich und heil entronnen, steuerte ich „Lady Elliot" frohgemut in die etwas abseits liegende Marina.

Von einer Art Aussichtsplattform dirigierte der diensthabende Hafenmeister die Jachten. Laut, präzise und eindeutig Herr der Lage. Anders als die meisten der deutschen Kollegen nehmen die Engländer den Job hundertprozentig ernst und weisen Ankömmlinge exakt ein.

„Hammerhead number six!", hörte ich ihn im Südküstendialekt grölen.

Die Worte verstand ich wohl, nur dunkel blieb der Rede Sinn. Was machst du in solcher Situation? Spiel auf Zeit! Also zauberte ich mit „Lady Elliot" eine elegante Suchschleife durchs Hafenbecken.

Der Mann war irritiert, aber noch hoffnungsfroh. Also wiederholte er seine Aufforderung, eine kleine Spur lauter: „Hammerhead number six!". „Blöder Deutscher" mag er dabei im Stillen und auf Englisch gedacht haben.

Leider blieb mir die Erleuchtung erneut versagt. Das Spielchen wiederholte sich. Er schrie nach dem verflixten Hammerhead. „Lady Elliot" kreiste. Bis der Meister ein Einsehen hatte: „Follow me!"


Folgen. Das verstand ich. Wütend stapfte er auf den Stegen voraus. Die Planken dröhnten unter den schweren Schritten. „Lady Elliot" tuckerte gehorsam auf dem Wasser hinterher. Ich war auf das Ergebnis gespannt. Dann stand der Mächtige am Kopfende von Steg Nummer sechs.

„Hammerhead! This is a hammerhead! "

Mit weit ausholender Geste zeigte er auf den für mich vorgesehenen, ebenso prächtigen wie freien Liegeplatz, um danach kopfschüttelnd über derart gehäuftes Unwissen wieder die Aussichtsplattform zu besetzen.

Learning by doing. Mein Leben lang werde ich die Bedeutung von „hammerhead" nicht vergessen.

All' das bleibt natürlich unerzählt, als „Lady Elliot" in Marstal ihrem nächtlichen Ruheplatz entgegenläuft. Ich teile die Arbeit ein, in möglichst einfachen Worten, damit Missverständnisse ausbleiben.

„Siggi macht die Fender zum Abpolstern klar. Ich steuere ganz dicht an den Steg. Volker springt an Land. Hans schmeißt ihm die Leinen zu. Zuerst vorne, und dann sehen wir weiter."

Festmachen längsseits ist bei ruhigem Wetter auch mit ungeübter Crew leicht wie Luftholen. Alles easy. Tatsächlich sind am Ende des Manövers keine Schrammen an Mensch und Boot, keine Verletzten zu beklagen, keine lauten Worte gefallen. Zehn Minuten später schaukelt „Lady Elliot" leicht auf dem sanft bewegten Wasser.

„Einfach perfekt!", stellt Einstein selbstgefällig fest. Seine Knoten, mit denen die Fenderleinen an der Reling festgetüdelt sind, kann er damit nicht gemeint haben.

„Ich hol' das Einlaufbier und den Sherry für Neptun!" Hans flitzt zum Kühlschrank und zur Schnapsecke.

Professor Volker schafft es vermutlich als einziger auf der Welt immer und überall eine Brötchenverkaufsstelle aufzustöbern. Menschen mit diesem besonderen Talent haben allein dadurch jede Daseinsberechtigung an Bord einer Jacht erworben. Über Amateure, die es dabei belassen, an Bäckereitüren zu rütteln und sich sofort geschlagen geben, wenn diese noch verschlossen sind, lächelt er milde.

Er ist über finstere Hinterhöfe und dort gelegene Seiteneingänge direkt in Backstuben vorgestoßen, hat Lieferwagen vor Läden abgefangen, einmal sogar den Sprung durch ein offenes Supermarktfenster nicht gescheut. Die Angestellten frühstückten noch im Aufenthaltsraum. Erst nach einigen Minuten hitziger Diskussion verzichteten sie auf den Anruf bei der Polizei wegen Einbruchversuchs.

Ein Sieg auf ganzer Linie. Auch diesen Shop verließ Volker nicht ohne frische Backwaren.

Brötchenholen in Marstal gestaltet sich zum Vergnügen, wenn die Top-Adresse bekannt ist. Sie sei verraten: am Hafen lang, die schmale Gasse vor dem Seefahrtsmuseum rein, den kleinen Berg hoch. Auf halber Höhe ist nach fünfzig Schritt auf der linken Straßenseite das Ziel aller Bäckerei-Wünsche erreicht.

Da kann in Südamerika oder sonst wo zwischendurch hundertmal Revolution gewesen sein. Da mögen sie sich in Berlin neue Steuerabzockereien ausgedacht haben, womöglich hat in Rom der Papst sogar geheiratet - unbenagt vom Zahn der Zeit und gleichgültig gegenüber dem Weltgeschehen wird in Marstal die uralte Glocke an der Bäckerei-Tür scheppernd jeden Eintretenden begrüßen. Sie verabschiedet natürlich auch alle, die ihre kalorienschweren Leckereien zufrieden raustragen.

Das Geschäft leidet nicht unter Kundenmangel. Deshalb ist das Bingbongbing praktisch im Dauerbetrieb. Dennoch kommt niemand auf die Idee, diese einstige Neuanschaffung von Opa oder Uropa zu demontieren.

Solange nämlich pflegt dort die Familie bereits ihr edles Handwerk, inzwischen mindestens in der vierten Generation. Während bei uns immer öfter vorgefertigte und auf die Schnelle erwärmte Brötchen schamlos für viel Geld über den Tresen geschoben werden, ist beim Bäcker von Marstal die Welt hundertprozentig in Ordnung.

Sahnetortentechnisch gesehen, brotmäßig, in Bezug auf Blätterteig mit oder ohne Obstfüllung, cremeschnittig auf Marzipan. In Sachen Brötchen sowieso.

Der Professor hat ein fotografisches Gedächtnis für solche lukullischen, leider immer seltener werdenden Kleinode. Da er außerdem unter altersbedingter Bettflucht leidet, durchzieht bei jedem Besuch in Marstal sehr zeitig der naseweitende Duft frischer Backwaren die Kombüse von „Lady Elliot".

Das gemeinschaftliche Frühstück einer Herrencrew an Bord ist ein bislang völlig zu Unrecht unbeachtet gebliebenes Betätigungsfeld für Psychologen und Psychiater. Doktorarbeiten ohne Ende ließen sich daraus erstellen. Es sei erklärt, warum das so ist:

Kenner unterscheiden grundsätzlich zwischen zwei Hauptgruppen. Mengenmäßig halten sich die beiden Spezies in etwa die Waage.

Zum einen gibt es die Abteilung mit diesem eisernen Grundsatz: Das bisschen, was ich esse', kann ich auch trinken. Fachkreise reden hier vom typischen Flüssig-Frühstücker. Die äußeren Verhaltensmerkmale sind akustisch wahrzunehmen - das markante Klickklack aufgeploppter Bierverschlüsse. Gelegentlich wird später eine Scheibe Salami nachgeschoben. Nach dem Prinzip der Wassermenge beim Grog - kann, muss allerdings nicht.

Den Gegensatz bilden in Abteilung zwei die Fest-Frühstücker. Sie räumen diverse Lebensmittel aus dem Kühlschrank, kochen sich mindestens ein warmes Getränk. Hier gibt es auch Untergruppen. Sie identifizieren sich an der Speisenauswahl, der Qualität ihrer Nahrung und der Präsentation des Gesamtwerks.

Traditionell wird auf „Lady Elliot" stets die oberste Güteklasse in der Hauptgruppe Fest-Frühstücker angestrebt. Gleichzeitig bemühen wir uns um einen Extra-Stern durch ausgefeilte Umgangsformen und ein harmonisches Gespräch.

„Darf ich dir die getrüffelte Pastete empfehlen?"

„Danke. Vielleicht nach meinem Rührei mit Nordseekrabben."

„Ist der Schinken so gut, wie er duftet?"

„Noch etwas Lachs? Oder möchtest du zuvor die göttliche Himbeermarmelade goutieren?"

„Süßes käme jetzt gerade richtig. Könnte ich dazu bitte ein Croissant haben?"

„Selbstverständlich gern!"

Es hat verschiedene Reisen gedauert, bis diese Mixtur aus nett gemeinter Verarschung bei kulinarischem Genuss perfektioniert war. Manche Mitsegler fanden weniger Vergnügen an solchen genussseligen Momenten, sind praktisch an der Gesamtsituation gescheitert und wurden folgerichtig als mögliche Dauerpartner ausgemustert.

Hans erinnert mit einer schlichten Frage an eine solche Disqualifikation, als er sein perfektes fünf-Minuten-Öko-Huhn-Ei mit einem Schlag köpft: „Ist Salz aus?"

Dieser schlichte Satz existiert in so vielen Varianten, wie es Lebensmittel gibt. Unvergesslich, wie das einstige Kurzzeit-Crewmitglied mit diesen drei Worten, wobei jeweils ein unterschiedliches Substantiv eingebaut war, genervt hat.

Das war eine harte Zeit. Eigentlich begann damals das morgendliche Missvergnügen schon vor dem ersten Bissen. Der Mensch setzte sich, räumte zum Platzgewinn Teller und Tasse beiseite und legte diverse Pillen in Reihe aus.

Weiße, rote, grüne, rund, eckig, oval. Alles, was die Pharma-Industrie zu bieten hat. Eine Strecke, so lang wie die vorzügliche Lotsenmettwurst im Stück.

Okay, solche Zeremonie verspricht zunächst einiges an Unterhaltungswert und keinesfalls etwas Böses. Deshalb staunte ich bei der Premiere überrascht: „Wofür sind die denn alle?"

Seine Antwort hob die Stimmung. Er hatte nämlich keine Ahnung. Nur eines wusste er so sicher, wie sich Ebbe und Flut abwechseln: „Die muss ich komplett nehmen."

Was er dann unverzüglich tun wollte. In dieser Sekunde hörten wir den legendär gewordenen Satz zum allerersten Mal, und zwar in dieser Version: „Ist Wasser aus?"

Das nämlich stand nicht auf dem Tisch. Kaffee, Tee, frisch ausgepresste Orangen und Apfelsaft hatten bislang auch kritische Ansprüche befriedigt.

„Moment! Mit Sprudel oder ohne?"

Sitzend konnte Siggi den Kühlschrank erreichen und das Gewünschte herausholen. „Einmal Wasser ohne Sprudel, bitte sehr."

Die Pillen wurden geschluckt und runtergespült. Eine nach der anderen. Wir sahen interessiert zu. Es dauerte, dann endlich war er fertig. Mußezeit fürs Frühstück. Zu früh gefreut! Denn wieder stimmte etwas nicht.

„Ist Margarine aus?"

In der Tat fehlte sie auf dem verschwenderisch gedeckten Tisch. Dafür gab es Butter, goldgelb glänzend und frisch aus dem Fass eines dänischen Feinkostladens. Ich machte dezent auf diese deutlich sichtbare Tatsache aufmerksam.

„Ihr wollt mich wohl vergiften!", knallte uns als knapper Kommentar entgegen.

Schuldbewusst hörten wir uns unmittelbar danach eine längere Erklärung über schlechtes Cholesterin und andere Gefahren an. Ziemlich drastisch. Jedenfalls drehte der Professor anschließend das Butterdöschen unschlüssig im Kreis.

Frieden, dachte ich, bloß Frieden. Und holte stumm die Margarine aus dem Kühlschrank. Da wartete sie auf ihren

Einsatz als Bratfett. Wir kauten schweigend und irgendwie auch mit deutlich weniger Appetit als üblich.

„Ist Honig aus?" Der nächste Tiefschlag war ein echter Volltreffer. Süßes von der Biene fehlte an Bord, wie eine rasche Nachsuche im Vorratsschapp ergab. Ich gestand das Manko kleinlaut ein. Offensichtlich war er auf der Einkaufsliste übersehen und vergessen worden.

Der Pillenexperte nickte schwermütig, als hätte er es geahnt. „Ich esse immer nur Honig. Macht euch aber keine Mühe. Brötchen mit Margarine reicht völlig."

Ich hatte diesen Burschen immer für einen feinen Kerl gehalten. An Land. Er verließ „Lady Elliot" freiwillig vorzeitig, reiste mit dem Zug zurück.

„Ist er aus?", fragte Siggi.

Ich nickte. Richtig traurig darüber schien keiner.


\*\*\*\*\*


Marstal, nach dem Frühstück.

Professor Volker spült das Geschirr ab, rhythmisch untermalt von einer spontan ausgedachten Melodie. Jeweils aufs gesungene Stichwort reicht er ein Teil an Einstein weiter. Der beschränkt sich bei der Annahme auf ein herausgepresstes „Yes!" und wienert trocken.

Schlusslicht der Kette ist Hans. Er darf wegräumen und ist gleichzeitig für das Stampfen des Taktes per Fuß zuständig.

Ein Bild, wunderbar geprägt von Schwachsinn und Harmonie. Aber du siehst: Segeln befreit. Wovon auch immer.

Wir beschließen, einen Landtag in Marstal dranzuhängen und entdecken beim Rundgang durchaus Trauriges. Viele Häuser stehen zum Verkauf, alles wirkt ein wenig wie auf dem absteigenden Ast. Dabei gehörte, was heute bestenfalls noch Experten wissen, im späten 19. Jahrhundert den Marstaler Reedern die zweitgrößte Flotte der dänischen Handelsschifffahrt. Das Seefahrtsmuseum, unser erstes Ziel, dokumentiert das mit Artefakten, Modellen und Fotos nachdrücklich.

Der Besuch lohnt unbedingt. Genauso wie der Weltbestseller von Carsten Jensen „Vi, de druknede" (Wir Ertrunkenen) der die Geschichte Marstals mit einer unglaublichen Intensität und Wortfülle beschreibt. Viele Szenen des Buches, die im Ort spielen, lassen sich bis heute exakt wie geschildert ablaufen.

Für den Abend steht der obligatorische Kro-Besuch auf dem Programm. Zurück also in die Altstadt. Reiner Zufall, dass der Kro-Chef gerade dann sein „Lukket"-Schild entfernt, als wir um die Ecke biegen.

Rundlich-rosig der Mann. Das böse Wort Stress kennt er höchstens vom Kreuzworträtsel. Er grüßt und hält die Tür einladend offen.

„Da sollten wir nicht unhöflich sein", kürzt Siggi eine mögliche Diskussion ab.

Im Regelfall rücken wir auch in fremden Lokalitäten schnell zumindest in die Nähe von Stammgästen. Sympathie oder Antipathie entscheidet sich bekanntlich in Sekundenschnelle.

Blitz-Pluspunkte sammeln wir in dem kleinen Königreich regelmäßig bereits durch die perfekt ausländisch vorgetragene Bestellung. Es empfiehlt sich dabei ein leichtes Nuscheln. Das kaschiert zum einen alle Fehler, erweckt zum anderen den Anschein eines speziellen dänischen Dialektes.

Später, viel später, beim Bezahlen, haben wir endgültig gewonnen.

„Zusammen", sagt der Professor und zückt sein hässliches, gleichwohl gut gefülltes Portemonnaie. Ein Zettel, eine Summe – die dralle, dunkelblonde Dänin, mittlerweile zur Verstärkung des Wirts aktiv, atmet hörbar durch.

Das Trinkgeld fällt reichlich aus, offenbar sogar deutlich überhöht. Die anschließende Abschlussrunde auf Kosten des Hauses macht das deutlich.

Natürlich ist Volker nicht der großzügige Gastgeber, der die anderen freihält. Obwohl, als Beamter und der damit verbundenen Sicherheit bis ins höchste Alter könnte er eigentlich – aber lassen wir das...

Ich will lieber das einfachste Schiffs-Bezahlsystem vorstellen und allen nachdrücklich ans Herz legen. Spart sinnloses Gequatsche und schont die Nerven der gesamten Crew. Wir halten das so seit der ersten Herrentour. Nachahmung lohnt in dieser Hinsicht unbedingt.

Jeder zahlt beim Start in die Mannschaftskasse. Der Professor gibt den Finanzverwalter und löhnt immer alles. Kuchen und Eis, Liegegebühren, Lebensmittel, Freizeit.

Kurz bevor die Rücklagen erschöpft sind, schlägt er Alarm und kassiert wieder ab. Jeder schmeißt erneut einen Schein ins Bord-Portemonnaie, das Spielchen beginnt von vorn.

Kein Sammeln von Quittungen, kein Streit, kein Misstrauen.

Wer da nicht mitmachen will und lieber sein eigenes, individuelles Süppchen kochen möchte – gar nicht erst an Bord lassen. Uns jedenfalls hat dieses schlichte System in der frühen Zeit unserer Ausfahrten bei der personellen Entscheidungsfindung sehr geholfen.

So hat sich die endgültige Besatzung schneller als erwartet herauskristallisiert. Erfahrungen aus der Praxis sind durch nichts zu toppen.

# Im Zick-Zack-Kurs auf Grund

Nach dem gemütlichen Marstal-Altstadt-Kneipen-Besuch wird es am nächsten Morgen später als gewöhnlich auf „Lady Elliot" lebendig. Frühstück beinahe zur Mittagszeit. Und wohin nun? Mehr mit stummem Zunicken als mit leidenschaftlicher Diskussion fällt die Entscheidung für Lyö. Siggi erinnert sich: „Das liegt doch praktisch um die Ecke. Ist vielleicht besser, wenn heute nur ein Kurztörn dran ist."

Die Mannschaft macht „Lady Elliot" seeklar. Auf gut Deutsch bedeutet das Aufräumen und Abwaschen. Der Skipper mischt bei solchen profanen Tätigkeiten natürlich nicht mit. Nun darfst du in dieser Zeit aber auf keinen Fall untätig rumsitzen. Das sorgt meistens für Diskussionsstoff nach dem Motto: "Wieso tust du eigentlich immer nix für die Allgemeinheit?"

Schaumschlagen ist also angesagt, Denkerstirn und wichtige Miene. Ich verziehe mich folglich in die Deckskajüte, klaube die Seekarten aus dem Schapp und breite sie umständlich aus. Kommt immer gut, dabei ist eigentlich alles klar.

Auch der Wetterbericht ist eindeutig. Keinerlei Bösartigkeiten in Sicht, der Wind bläst aus Südwest, etwas schwächer als tags zuvor.

Die drei haben ihr Abwaschkonzert erfolgreich beendet und zwängen sich aus der Pantry hoch zu mir in den Salon. Siggi wedelt mit dem Abtrockentuch imaginäre Schmutzflecke von den ausgebreiteten Karten.

„Wie besprochen, Lyö!"

Ich zeige mit dem Bleistift zu dem kleinen Inselchen in der Nähe von Faborg. „Passt von der Richtung perfekt zum Segeln und ist traumhaft idyllisch. Rund 20 Meilen entfernt, locker zu schaffen."

Wie auf gut geführten Schiffen üblich, nicken alle. Das Wort des Skippers ist eben manchmal doch Gesetz. Volker überrascht indes mit einer intelligenten Frage, nachdem er eingehend eine Detailkarte studiert hat: „Wir wollen also innerhalb der Inseln hoch. Das Gebiet heißt Mörkedyb, wie ich lese. Ziemlich flach, oder?"

Der Hinweis als solcher ist korrekt, wenn auch im Prinzip überflüssig. Die Fahrrinne nämlich ist ordentlich betonnt, bei dem ruhigen Wasser sind keine Probleme zu erwarten. Mit gutem Gewissen darf ich alle Bedenken zerstreuen: "Das ist tief genug! Wir müssen uns nur exakt zwischen den Tonnen halten. Das sollte wohl zu schaffen sein."


„Lady Elliot" verlässt Marstal.

Spiegelglatt das Wasser, als wir uns nach der Hafenausfahrt bei Fast-Flaute hinter einem Motorboot in den Tonnenstrich einfädeln. Die Crew schleppt Kissen, Kekse und Krimis heran. Sachen, die jeder Seefahrer unbedingt braucht.

Genüsslich machen sie sich auf den Backskisten und an Deck lang. Das ist schon was Feines, sich bequem und gemütlich die Zeit zu vertreiben.

„Warum immer die?", denke ich.

Knapp sieben Meilen misst die von der Natur aufgezwungene Strecke durch die vorgelagerten Flachs. Ein Zick-Zack-

Kurs, mit vielen harten Kursänderungen. Technisch keineswegs schwierig. Nur ziemlich nervig. Rund 90 Minuten sind von Hand zu steuern. Das ist eine eher öde Angelegenheit. Laune macht das bestenfalls mitfahrenden kleinen Kindern. Und auch denen nur beim ersten Mal.

Weshalb eine Selbststeueranlage zu den sinnvollen Investitionen gehört. Nur manchmal leider lässt sie sich nicht einsetzen, eben bei solchen Schlängeleien.

Bekanntlich gibt es jedoch aus jeder misslichen Lage einen Ausweg. Er muss dir nur einfallen. Außerdem musst du ihn logisch begründen, um nicht selbst als faule Socke gebrandmarkt zu werden.

Zum Glück küsst mich die Muse. Ich drehe mich zu den Dreien um, zufrieden über die Blitzidee.

„Der Motor bleibt erstmal an. Die Sicht ist klar, das Wetter gut. Wir spielen Fahrschule. Jetzt ist beste Gelegenheit für die erste Steuer-Auffrischungsstunde. Wer fängt an?"

„Ein Trottel steuert", habe ich mir überlegt. „Ich schmökere derweil in schönster Ruhe weiter durch  Hornblowers See-Abenteuer".

Hans winkt sofort ab: „Lieber nicht! Das ist mir irgendwie doch zu heikel. Meine Feinmotorik könnte versagen."

Okay, Nummer eins hat den Angriff erfolgreich abgewehrt. Ich drehe mich zu Volker um. Der mimt ganz konzentriert den Naturfreund: „Stör mich nicht! Ich beobachte gerade die Möwen. Hoch spannend, wie sie durch den Schlick waten."

Das tun sie in der Tat, keine 20 Meter vom Schiff entfernt. Das macht jedem Deppen klar, wie schnell das Mörkedyb sehr flach wird. Ich erkenne auch den Abwehrversuch von Nummer zwei als erfolgreich an. Immerhin ist noch einer übrig. Um kein Risiko einzugehen, wähle ich jetzt den Kommandoton: „Siggi steuert!"

„Nur weil mir nicht schnell genug eine Ausrede eingefallen ist", mault er. Lass' ihn sabbeln, denke ich. Denn immerhin bequemt er sich hoch und übernimmt das Ruder.

„Dem Motorboot hinterher. Und unbedingt zwischen den roten und grünen Tonnen bleiben", erkläre ich ihm die Aufgabe. „Siehst du sie?"

Einstein nickt und übernimmt „Lady Elliot"

„Und regelmäßig nach achtern sehen, ob man auch unter diesem Blickwinkel noch in der Mitte ist und nicht abgetrieben", ergänze ich die Ermahnung. „Denke daran, das geht schneller als erwartet."

Wieder ernte ich ein Nicken. Okay, Thema durch und abgehakt.

Ich verschwinde durch die Backbordtür nach drinnen, um Naschzeug und meine Lieblingsschwarte zu holen. Schokolade, Lakritz, Bonbons, Negerküsse? Die Wahl dauert lange bei reichlich vorhandener Auswahl.

Zu lange.

Gerade habe ich mich für die extragroßen Super Dickmanns und dänische Salzlakritz entschieden, als es unter dem Kiel knirscht. Das Schiff macht noch einen kleinen Satz nach vorn, kippt leicht Richtung Steuerbord und hängt fest. Der Motor erstirbt automatisch. Das ist auch gut so. Schließlich soll er sich beim abrupten Aufprall auf ein Hindernis so verhalten. Hat der Hersteller fein eingerichtet.

„Scheiße!"

Vergessen sind alle Negerküsse dieser Welt. Ich flitze nach oben. Hans und Volker blicken irritiert über Bord. Grund, deutlich zu sehen.

Siggi kratzt sich die graublonde Mähne und staunt: „Zu wenig Wasser!"

Ich schaue mich um. Wir sind gut 100 Meter aus dem Tonnenstrich raus, mitten im Flach. „Lady Elliot" wurde geradezu vergewaltigt, endlich aufzulaufen.

„Wo zum Geier fährst du? Was hat dir die Fahrrinne getan, dass du sie verlassen hast?"

„Abkürzung!", stammelt Siggi. „Ich dachte, es geht schneller, wenn ich ein bisschen abschneide. Außerdem habe ich den vor uns keine Sekunde aus den Augen gelassen!"

Er zeigt auf den kleinen Kajütkreuzer, der in der Tat unbeirrt seine Reise fortsetzt.

„Das ist ein Motorboot, wie unschwer zu erkennen ist. Noch dazu ein ziemlich kleines Motorboot. Der Kahn hat höchstens 60 Zentimeter Tiefgang!"

Ich muss tief durchatmen. „Du hast ein Segelschiff gesteuert mit 1,90 Meter Tiefgang. Da ist es irgendwie logisch, wenn der noch fröhlich tuckert, während wir festhängen. Nie, nie und nie gibt es für den Steuermann in einem betonnten Fahrwasser eine Abkürzung!"

Einstein ist zerknirscht. Wenigstens ist bei seinem Naturell eins garantiert. Er wird sich die Lektion bis zum Ende seiner Tage merken.

Schwamm drüber. Brüllen hilft in solchen Momenten keinem. Und überhaupt – Siggi ist nicht der erste Doofe, der ein Schiff in den Boden rammt. Auch ich hab' vor langer Zeit Lehrgeld gezahlt. Wobei dieser Fakt natürlich unerwähnt bleibt.

Fehler machen nur die anderen. Jedenfalls lässt der erfahrene Skipper seine Crew immer in diesem Glauben

Nun hängen wir also im Mörkedyb fest. Schierer, glatter Sandboden, wie ich aus der Karte weiß. Dazu ruhige See, Minimalwind und warm ist es auch. Da ist Auflaufen eigentlich mehr peinlich als gefährlich. Allerdings muss ich all' das Einstein nicht auf die Nase binden.

„Siggi!" Ich schüttele nachdrücklich den Kopf. „Eine Katastrophe! Schließlich besteht der einzige Lebenszweck des Seemanns darin, den Kiel des Schiffes frei vom Grund zu halten. Seine berufliche Existenz verliert im Augenblick der Strandung ihre Berechtigung."

Er staunt mich mit offenem Mund an. Diese Weisheit, welch' ein Skipper!

Die Versuchung ist groß, sich mit fremden Federn zu schmücken. Ausnahmsweise widerstehe ich. „Von Joseph Conrad, dem größten Dichter der See. Eine wahre Fundgrube für maritime Weisheiten."

Siggi gelobt, den Meister bei nächster Gelegenheit nachhaltig zu studieren.

„Braucht ihr Hilfe?"

Eine Hallberg-Rassy hat aufgestoppt. Der deutsche Eigner winkt und schreit zu uns herüber.

„Danke!" Ich wehre das freundliche Angebot mit Armeschütteln ab. „Geht alles klar!"

„Netter Kerl", bemerkt Volker „Die meisten hätten vorsätzlich in die andere Richtung gesehen, um bloß nicht in Gefahr zu laufen, eine Hand rühren zu müssen."

Es stimmt. Leider.

Wir schauen dem Segler nach, wie er im Tonnenstrich friedlich seine Bahn zieht. „So hat das auszusehen!", sage ich. „Und jetzt wollen wir uns mal aus diesem Schlamassel befreien!"

Auskuppeln. Motor wieder an. Vorsichtig auf Rückwärtsfahrt gehen. „Lady Elliot" zappelt kurz auf der Stelle, rutscht dann vom Grund. Zehn Minuten später haben wir wieder ausreichend Wasser unter ihrem Kiel.

„Auf ein Neues. Siggi, der zweite Versuch!" Ich ziehe ihn ans Ruder.

„Wie? Aber –!"

„Gerade deshalb!", doziere ich.

Danach steht er kerzengerade am Platz des Steuermannes. Und wahrscheinlich ist die Fahrrinne des Mörkedyb nie vorher ähnlich präzise ausgesteuert worden.

# Drama vor Hiddensee

Wer aufmerksam in Hafenkneipen lauscht, hört von Jacht-besatzungen nur Schauermärchen über Stürme, Schietwetter und Horrorszenarien mit leckgeschlagenen Booten. Wind 8, Wind 9, Böen von 10, Orkan.

Die Münchhausen angeblich immer mittendrin. Ausnahmslos Typen, die ihre Lebensgeschichte am liebsten so beginnen: „Am Anfang schuf ich Gott...!"

Sie meistern schwere Brecher von hinten oder von vorn. Manchmal sogar aus jeder Richtung gleichzeitig. Dunkelheit rundum, sporadisch erhellt von Blitzen, die den Untergang der Welt ankündigen. Die Hölle ist dagegen ein Sauna-Paradies.

In den Biertankstellen der Marinas werden mehr Unwetter erlebt und mit dem Mund locker abgeritten, als die Archive sämtlicher meteorologischen Stationen überhaupt kennen.

Keiner plaudert über jene Phasen, die ungetrübtes Glück auf dem Wasser bedeuten. Konstanter leichter Wind, schwache Wellen, Sonne, gemütliche Schräglage des Schiffes, ruhige Fahrt unter geblähten Segeln.

Es ist dramaturgisch zu wenig lohnend, aus solchen Mixturen ein schilderungswürdiges See-Epos zu komponieren.

Deshalb sei verschämt gestanden:

Nach dem Malheur im Mörkedyb genießen wir unser Paradies. Auch das kleine Besansegel am zweiten Mast ist oben und hilft, den Wind einzufangen. Unter Vollzeug bietet „Lady Elliot" jetzt das perfekte Fotoobjekt.

Hans starrt sinnend in den blauen Himmel, Volker auf das schimmernde Wasser. Beide beherrschen diese nicht zu unterschätzenden Aufgaben vollendet und können sie stundenlang schweigend bewältigen. Harmonie kann sich durchaus auch durch gemeinsame Stille ausdrücken.

Siggi ist es, der nach eingehender Betrachtung einer entgegenkommenden Jacht die friedliche Andachtsstimmung empfindlich stört. „Der gleiche Wind. Wir fahren nach rechts hoch, die nach links runter. Wie funktioniert das eigentlich?"

Ich zucke erschrocken zusammen. Zum einen wegen der unerwarteten Geschwätzigkeit, zum anderen wegen der Frage als solcher. Die Abseitsregel beim Fußball und das Gleiten unter Segeln haben etwas Entscheidendes gemeinsam. Laien begreifen nie, was da abgeht.

Wobei ich weit aus der Masse herausrage. Mir ist immerhin die komplizierteste Vorschrift beim Kicken geläufig. Seit langem habe ich jedoch die Hoffnung begraben, das Phänomen der Windnutzung mit so einfachen Worten erklären zu können, dass jeder dem folgen kann.

Natürlich ist jede Menge eigene Erfahrung, erworben durch Praxis, vorhanden. Ich weiß sehr wohl, welches Segel wann, wie und warum gesetzt werden muss. Doch danach ist Feierabend.

Der erfahrene Skipper vermeidet deshalb in dieser heiklen Angelegenheit generell jede Diskussion. Im Zweifel kann man dabei nämlich nur schlecht aussehen. Ich rette mich in die einzig nie zu widerlegende Antwort: „Das ist eben so! Überhaupt – was soll die blöde Fragerei. Werf' lieber mal einen Blick voraus. Da taucht schon Avernakö auf."

Ebenfalls durch Einsteins Redeschwall gestört, streckt Hans sich. Umständlich findet er aus seiner liegenden Position auf der Backskiste in eine sitzende. Der Blick himmelwärts hat bei ihm Erinnerungen wachgerufen.

„Wisst ihn noch, mein erster Törn? So habe ich hier gehockt. Ein Häufchen Elend wirkt elegant dagegen."

Zu Demonstrationszwecken drückt er sich in die Ecke und umklammert mit beiden Händen die Reling. „Eigentlich wollte ich nur noch sterben!"


Hans durchlitt sein persönliches Drama, sein Trauma auf der Rückfahrt von Hiddensee. Optimistisch und sorgenfrei war er im Hafen von Vitte an Bord geklettert. Von Schipperei jeder Art verstand er zugegebenermaßen weniger als Null. Dafür viel von Lebensfreude: „Das macht bestimmt Laune. Ich habe oft schon Leute beobachtet, wenn sie gemächlich über blaues Wasser segeln. Ich glaube, das ist meine Welt. Genießen und Nichtstun."

Na, ja - dachte ich. „Hoffentlich."

Der Himmel nämlich verdüsterte sich bereits mit unheilschwangeren Wolken, als „Lady Elliot" gerade vorsichtig durch das ebenso enge wie flache Fahrwasser vor Hiddensee Richtung offene See gestampft war.

Logisch, wir hätten umkehren können. Vielleicht sogar müssen. Aber so richtig hatte ich keinen Bock darauf. Sechs Meilen zurück. Und bei Mistwetter ist Hiddensee nicht furchtbar spannend. Also weiter. Wird schon gut gehen, ist bislang schließlich immer gut gegangen.

Vorsorglich liehen wir Hans eine der wasserdichten, brusthohen Latzhosen. Er zog sie ahnungslos über seine Jeans und verpackte sich auch obenrum nach Anweisung wetterfest. Volker erledigte das, weshalb auf seinem Sweatshirt „Sicherheitsoffizier" steht.

Er holte die Rettungswesten und verteilte sie schweigend. Dem Insider wäre diese Aktion Warnung genug für aufziehenden Ärger gewesen. Denn bei gutem Wetter verzichten wir leichtsinnigerweise leider immer auf diese Dinger.

Unser Neuling wusste nichts und strahlte. Interessiert ließ er sich beim Anlegen helfen: „Klasse, sieht richtig nach Seefahrt aus!"

„Am besten hockst du dich mal auf die Backskiste. Von da hat man den schönsten Überblick. Und im Zweifel immer gut festhalten!"

Selten habe ich den Professor fürsorglicher erlebt. Hans folgte widerspruchslos und setzte sich. Er ahnte die Konsequenz noch nicht. Die nächsten fünf Stunden sollte er dort wie festgenagelt hocken bleiben.

Kaum nämlich waren wir aus dem halbwegs geschützten Innenbereich heraus und hatten die Nordspitze der Insel mit ihrem markanten Leuchtturm gerundet, als der ungewünschte Tanz losging. Schauer, Wind fast von vorn, heftige Böen. Die Wellen schaukelten sich schnell zu beeindruckender Höhe auf.

Es erwischte uns richtig.

Ausgewachsener Starkwind der Stärke 7 bis 8. Das ist kein Orkan, aber eine Menge. Anders gesagt: Ich kann auf diesen

Tanz verzichten. Ab Stärke 6 warnen Segelhandbücher: „Jetzt ist der Wind nicht mehr dein Freund!"

„Junge, Junge!" staunte Hans.

Wenig später meldete er sich wieder: „Mein lieber Mann!" Das klang bereits zaghafter.

Dann: „Von Land wirkte die Sache immer völlig anders." Und noch ein paar Minuten später, mit deutlich ängstlichem Zungenschlag: „Passieren kann nichts, oder?"

Er saß inzwischen kerzengerade. Wie festgemauert und eingeklemmt in den Winkel zwischen achterlicher und seitlicher Reling. Die Unterarme ruhten auf diesem Schutzzaun, die Hände umklammerten links und rechts das Holz. Beide Beine waren lang ausgestreckt, die Füße suchten auf dem nassen Teakdeck einen festen Halt.

„Alles klar?" Ich drehte mich vom Ruder zu ihm um.

Er nickte schwach, kreidebleich und ergeben in ein Schicksal, das ihm ebenso grausam wie unabänderlich erschienen sein muss.

„Geh' doch lieber nach unten, da ist es trocken." Ich zeigte ins Deckshaus, wo Siggi sich mit einem Buch in einer Ecke verkeilt hatte.

„Bloß nicht", würgte es aus Hans heraus. „Da wird mir garantiert schlecht. Ich verstehe gar nicht, wie der das jetzt da unten aushält. Lieber sterbe ich gleich hier im Nassen!"

So blieb er hocken. Stumm, stundenlang, verbissen, verkrampft. Irgendwann meldete er sich wieder: „Ich müsste mal pinkeln!"

Volker nickte verständnisvoll. „Das ist allerdings leider ein wenig diffizil. Die Latzhose hat keinen Schlitz. Erst also die Rettungsweste abmachen, danach die Öljacke ausziehen. Dann kannst du die Schutzhose mit ihren Trägern herunterziehen. Und schon bist du bereit!"

„Moment!" Ich steuerte leicht backbord, um ein besonderes Monstrum von Welle besser nehmen zu können. Sie rauschte tosend unter dem Kiel von „Lady Elliot" durch. Erledigt, abgehakt.

Ich drehte mich um. „Bei dem Seegang kann Hans natürlich nicht über Bord pinkeln. Viel zu gefährlich. Er muss nach unten, zum Klo."

Mit zunehmend verzweifeltem Blick hatte er uns zugehört, die Reling unverändert fest im Griff. Man sah es in seinem Kopf richtig arbeiten. Dann: „Ich muss doch nicht pinkeln, wenn ich mir das richtig überlege."

So blieb er in seiner Ecke hocken. Ab sofort zusätzlich mit eng zusammengepressten Beinen. Es sind diese besonderen Momente, die einen Menschen zum stillen Helden werden lassen.

# Das gefischte Kabel

Heute ist alles anders. Unverändert einfach nur geil. Geruhsam passieren wir Avernakö und haben dann querab Lyo liegen. Mit seinen fünf Teichen ist dieser Flecken eines der schönsten Dörfer Dänemarks. Eiförmig, außen rum platt wie ein Pfannkuchen. In der Mitte ein 24 Meter Hügelchen, so was wie der Klacks Sahne obendrauf. Dazu 109 Einwohner. Diese Zahl kann ich jedoch nicht beschwören. Sie ist nur angelesen.

Auf jeden Fall ist das einer von jenen selten werdenden Sandkrümeln im Wasser, auf denen Zeit wirklich keine Rolle spielt. Kannst du Filme drehen, die im vorletzten Jahrhundert spielen und musst nix umbauen. Da findest du noch mundgeblasene Fensterscheiben und Holzschlösser in den Türen.

Wer von Norden kommt und zu diesem idyllischen Eiland will, muss irgendwann nach Backbord in den Lyö Krog schwenken. Dann vorsichtig Lyö Rev und Trille durchsteuern. Nicht zu dicht unter Land, da wird es schnell mordsmäßig flach und drohen doofe Steine.

Wir kommen von Süden. Also wird Laksholm passiert, Lyö Sand sorgfältig umfahren, sonst auf Grund. Den Wegepunkt 122 – eine grüne Tonne – möglichst an Backbord liegen lassen und dann ist auch schon der lang gestreckte Inselhafen in Sichtweite.

Vorbei am Fähranleger und langsam rein. Zum Glück ist Vorsaison. Deshalb ist Platz wie im Stadion, wenn kein Spiel ist. Im Sommer machen alle, die spät kommen, meistens dicke

Backen. Da ist vor lauter Booten oft gar kein Wasser mehr zu erkennen.

Zwei Steinwürfe von der Hafeneinfahrt weg liegt ein ausgewiesener Ankerplatz. Bei Überfüllung oft genug Notlösung für alle, die in Sachen Liegeplatz leer ausgegangen sind.

Ankern – auch ein Kapitel mit erschreckend vielen Fragezeichen für den Ungeübten. Die Kunst, wie man das richtig macht, füllt in der Fachliteratur seitenlange Kapitel.

Denn Anker ist natürlich nicht gleich Anker. Das wäre viel zu simpel. Da gibt es erstmal den Stockanker, klassisch und schwer. Das ist die Sorte, die an alten Windjammern zu bestaunen ist. Wiegt aber zu viel und ist schlecht zu verstauen. Deshalb Fehlanzeige auf den allermeisten Freizeitbooten.

Hat sich die Industrie aber natürlich was ausgedacht. Und nun kannst du wählen: Bruce, Danforth, CQR oder andere exotische Geschichten.

Diese modernen Leichtgewichte haben alle zwei Sachen gemeinsam: Sie wiegen wenig und sie halten – was auch immer. Das Schiff jedoch meistens nicht richtig fest. Sie erledigen ihren Job so, wie es ihnen in den Kram passt. Nur selten ausreichend zuverlässig. Irgendwie rutschen sie irgendwann immer über den Grund.

Wobei wir ehrlicherweise zugeben wollen, dass kaum ein deutscher Freizeitskipper die Ankerei jemals richtig geübt hat. Bei den Skandinaviern ist das was anderes. Wegen ihrer Schären, den langen Küstenabschnitten ohne Hafen oder wunderbarer einsamer Buchten gehört das Ankern für die fast zum Tagesgeschäft. Das geht ruckzuck und fertig. Hier macht Übung eindeutig den Meister.

Wenn du bei strahlend blauem Himmel und ruhiger See vom Boot aus Baden willst, ist egal, ob der Anker leicht schliert und sich ganz langsam die Position minimal verschiebt. Du bist ja da und auch wach. Und gefährlich fix macht sich das eigene Boot normalerweise nicht auf und davon.

Wenn du jedoch pennen willst, sieht die Welt anders aus. Ich kenne keinen, der vor Anker jemals so selig durchgeschlafen hat wie manche Menschen in der Kirche oder unsere gewählten Abgeordneten im Bundestag.

Kenner zitieren gern diese Grundregel: Ankern in der Nacht, schon bist du um den Schlaf gebracht.

Ein einziges Mal wähnte ich mich auf der völlig sicheren Seite, wobei...

Aber der Reihe nach. Die Sache passierte an der Südküste Norwegens. Mehr zufällig hatten wir die kleine Bucht bei Dalskilen entdeckt. Vielleicht 80 Meter im Quadrat, der Abzweig von einem Fjord-Seitenarm.

Ich staunte – das es so was noch gibt! Ein Bild wie im Paradies. Bunt gestrichene Holzhäuschen, die sich an knorrige Baumriesen zu lehnen schienen, säumten das Ufer. Wäsche flatterte fröhlich in einer leichten Brise.

Das Allerbeste: Keiner da außer uns.

Das Wasser war überall um vier Meter tief, der Platz durch einen nur schmalen Zugang vom Hauptfahrwasser perfekt vor Wind geschützt. Klirrend rasselte der Anker nach unten. Dann leichte Fahrt zurück, damit er sich gut und sicher eingräbt. Fertig.

Für die Dauer eines frisch gekochten Kaffees beobachtete ich noch das GPS. Nichts, keine Veränderung des Standortes. So soll es sein. Wir machten das Schlauchboot klar und paddelten zum Ufer, bereit zur Landerkundung.

Auch am Abend zeigte unser GPS nichts Neues. Das Wasser kräuselt sich leicht. Unsere Lady schwojt gemächlich in einer angenehmen Brise. Vögel zwitschern, ein paar Bucht-Bewohner winken freundlich herüber.

Völlig sorgenfrei krabbelten wir in die Koje. Ich war stolz wie Bolle: „Ankern ist einfach schön. Man muss nur wissen, wie es geht!"

Der nächste Morgen. Geschlafen wie ein Murmeltier, die Position unverändert. Wir genießen das Frühstück, dann soll es weitergehen.

Ich drücke also den Knopf für „Anker rauf". Klirrend steigt die Kette nach oben. Nur leider nicht ganz. Sie ruckt, sie zerrt und rauscht wieder Richtung Grund.

Also noch mal. Ein paar Meter flutschen problemlos. Dann wieder Stillstand und ab geht die Post nach unten.

Beim dritten Versuch starre ich vom Bug in das klare Fjordwasser. Ein Meter fehlt noch bis zur Oberfläche, als es mich vor Schreck fast umhaut. Der Anker hat ein gut zehn Zentimeter dickes Unterwasserkabel gefischt.

Kein Wunder, dass sich unser Schiffchen keinen Meter vom Fleck gerührt hat. Kein Wunder allerdings auch, dass mit Hochziehen nix ist. Die schwarze Riesenschlange muss einfach jedes Mal gewinnen. Ihr Zuggewicht ist natürlich stärker als der Motor vom Anker.

Ich habe erst mal vorsichtig zum Land gelinst, ob da schon Einheimische an ihren Stromkästen rüttelten. Weil, alles plötzlich im Eimer. War zum Glück nicht so und wie heißt es völlig richtig: Gefahr erkannt, Gefahr gebannt.

Die Sache ist jetzt ein Kinderspiel. Anker runter, „Lady Elliot" vorsichtig ein paar Meter bewegt. Der störrische Anker schlüpft unter dem Kabel raus, schon sind wir problemlos frei. Schnell weg...

Mit einer erneut bestätigten Grunderkenntnis im Kopf: Hat wieder nicht so richtig hingehauen mit dieser verflixten Technik!

# Flüssiges und Hafenmeister

Heute brauchen wir in Lyö keinen Gedanken ans Ankern zu vergeuden. Der Hafen ist bis auf drei Fischerboote leer. Beide Hände bis zu den Ellenbogen in den Taschen seiner uralten Manchesterhose steht der Hafenmeister auf dem Steg. Er ist richtig glücklich, endlich kommt einer. Schluss mit Langeweile. Er weist uns persönlich ein. „Lady Elliot" darf längsseits gehen. Unter seinen kritischen Augen vollendet sich das Festmachen als tadellose Vorzeige-Aktion.

„Ich hole das Einlaufbier", sagt Hans.

Der weißbemützte Chef überhört diesen wichtigen Satz natürlich nicht. Soviel Deutsch kann jeder Däne. Spontan lädt er sich ein.

Nun muss jeder Skipper eines wissen und das ist noch wichtiger als Diesel im Tank oder gut getrimmte Segel: Nur Lebensmüde würden den nachdrücklich geäußerten Wunsch eines dänischen Hafenmeisters ignorieren. Also wird er selbstverständlich zu einem Bierchen hoch willkommen geheißen.

Er stopft auf dem Steg seine Pfeife nach, klettert an Bord und führt sich stilvoll ein: „Ein sssönes Sssiff!"

Hans kommt mit den Getränken.

Alles scheint auf einen gemütlichen Spätnachmittag hinzulaufen. Warum auch nicht. Heut' ist heut'. Morgen hat dich vielleicht schon der Klabautermann geholt. Wie heißt es in einem alten schottischen Shanty: And the cares of tomorrow can wait till this day is done...

Nur Siggi stört leicht die aufkommende Gemütlichkeit und gibt noch einmal voll den Dienstwilligen: „Erst wollen wir mal die Position festhalten!"

Er trabt eifrig ins Deckshaus, meldet stolz seine dort am GPS gewonnene Erkenntnis: „55 Grad, 03 Komma 1 Minuten Nord und 010 Grad, 09 Komma 46 Minuten Ost."

Beinahe hätte der Hafenmeister sich verschluckt, als er die Meldung hört. Er setzt die Bierdose nach dem ersten Schluck ab, wischt sich bedächtig den Schaum vom Mund und staunt in dem so wunderschönen dänisch-deutsch, das immer ein wenig an angeborene Sprachfehler erinnert: „Ihr ssseid aba gud ogannisssiert. Daas is eine gude deudssse Eigenart. Jeder ssseine Aufgabe!"

Das Einlaufbier dehnt sich. Der Sherry zum Nachspülen schmeckt dem Hafenmeister auch. Die Williams Birne findet er nicht so gut wie den Himbeergeist. Dagegen stößt der Rotwein aus dem Burgenland wieder in seine persönliche Spitzengruppe vor.

Irgendwann zieht er eine Taschenuhr mit gesprungenem Glas aus den Tiefen seiner farblich undefinierbaren Hose und schaut, wie spät es ist: „Genug gearbeitet für heute. Wie die Zssseit rast. Nun muss ich wohl los. Zsssu Hause wartet das Abendbrot."

Wir scheiden in bestem Einvernehmen, nachdem er uns abschließend frische Brötchen für den nächsten Tag garantiert hat: „Ich mach das ssson. Ihr geht morgen früh einfach sssum Anleger. Da hängt eine Tüde mit eurem Sssiffsnamen. Und darin liegen die Rundstügger."

Angebotenes Geld lehnt er entrüstet ab: „Wir Dänemarker sind ein grossügiges Land!"

Er nickt huldvoll und stapft mit schweren Schritten seinem altersschwachen Fahrrad entgegen, das am Stegende auf ihn wartet. Unter fast vollständiger Nutzung der Straßenbreite sehen wir ihn Richtung Dorf entschwinden.

„Ein netter Kerl." Siggi sammelt die leeren Flaschen zusammen.

„Einfach nur lieb", ergänzt Hans. „Hilfsbereit, ohne an Kohle zu denken."

Volker vollendet, woran die beiden anderen wohl auch gedacht haben: „Da gibt's ganz andere Kaliber. Etwa den Burschen auf Hiddensee. Der war in seiner geldgeilen Dreistigkeit einfach unerreicht."

$$*****$$

Es stimmt. Wer den Typen aus welchen Gründen immer bisher nicht kennengelernt hat, sollte allein schon deswegen mal Kurs auf die Insel nehmen. Aber den kommunalen Hafen links liegen lassen. Der wunderbare Mensch regiert über die private Anlage von Vitte.

Wobei er, und das sei zugegeben, inzwischen altersmilde geworden ist. Verschenkt wird natürlich unverändert nicht mal ein Hosenknopf, doch er nervt nicht mehr so gewaltig wie früher.

Hand aufs Herz - Ich kenne keinen, der das Wesen des Kapitalismus so hundertprozentig verinnerlicht hat, praktisch unmittelbar nach der Wiedervereinigung. Er könnte das Abzocken erfunden haben. Hat er wahrscheinlich auch, weiß nur keiner.

Im Laufe der Jahre habe ich eine Art Hassliebe zu ihm entwickelt. Bei jedem Besuch präsentierte er neue, feingeistig ersonnene Tricks, um noch mehr Geld abzugreifen.

Zum einen verärgert das selbst friedfertige Skipper. Zum anderen jedoch bist du jedes Mal regelrecht gespannt, welch' linkes Ding er in den düsteren, langen Wintermonaten auf seiner Insel frisch ausgeheckt hat.

Denn unter Garantie war ihm von Saison zu Saison etwas Neues, nie Dagewesenes in den Sinn gekommen.

Gleichwohl blieb man Hiddensee treu. Niemand strich die traumhafte Insel wegen seiner Gier vom Routenplan. Wobei ich mittlerweile lieber nach Kloster laufe. Der kommunale Hafen ist zwar eng, aber der Ort richtig kuschelig.

Zurück nach Vitte. Zur teilweisen Ehrenrettung des Schlitzohrs musst du zugeben, dass er die Liegeplätze am Ortsrand des Hiddenseer Hauptortes auf eigenes Risiko betreibt. Mit hohem Engagement und sicherlich einigem finanziellen Risiko hat er nach der Wende begonnen, sich sein Eldorado zu basteln.

Im ersten Jahr waren die Duschen in einer alten Bretterbude untergebracht. Im zweiten hatte er ein prächtiges neues Gebäude aus dem Boden gestampft. Alles picobello, da beißt keine Maus 'n Faden von ab.

High tech der besonders ausgeklügelten Art. Die einzelnen Duschen reagierten auf Knopfdruck. Der Wasserstrahl ist zeitlich so kurz eingestellt, dass man Shampoo und Gel vorher auf Kopf und Körper verteilen muss, um dann anschließend das Wasserknöpfchen zu betätigen. Versucht man es andersrum, versiegt der Brausestrahl bereits, bevor die Seife auch nur richtig in der Hand liegt.

„Das spart enorm!", erklärt er in seiner Funktion als Umweltfreund.

Das verärgerte Ausweichen zu einem der tadellos gepflegten Handwaschbecken bringt nichts. Auch dort fließt kühles Nass auf Knopfdruck, ist aber noch um weitere Sekundenbruchteile kürzer eingestellt.

„Kostet mein Geld, wenn Wasser vergeudet wird", sagt er dazu, jetzt das sparsame Kerlchen.

Und die Duschpreise! Ich war dabei, als eine Seglerin sich eine Duschmarke holen wollte. Er sagt den Preis. Sagt sie: „Ich wollte die Dinger doch nicht kaufen!"

Mein Tipp: Schenk dir einfach solche Sprüche. Reagiert er gar nicht drauf.

Die Stromdosen an den Stegen hat er selbstverständlich durch Safe ähnliche Kästen gesichert. Fort Knox auf Hiddensee. Will ein Skipper sein Boot anschließen lassen, muss er sich persönlich melden.

Dann öffnet der Hafeneigentümer den Fast-Tresor, liest auf dem Stromzähler irgendwelche geheimnisvollen Zahlen ab, kassiert im Voraus, führt das schiffseigene Kabel durch spezielle Öffnungen in der Tür und riegelt alles wieder ab.

„Wenn einer heimlich abhaut, habe ich wenigstens das Kabel als Pfand", belehrt der Findige. Offensichtlich hat ihn das Leben misstrauisch gemacht.

Wer nach dieser Prozedur Strom zu haben glaubt, den belehrt die Praxis schnell eines Besseren. In Wirklichkeit fliegt die Sicherung sofort raus, wenn du auch nur daran denkst, einen Mini-Föhn anzuschließen.

Beschwerden? Vergiss es. Reagiert er auch nicht drauf.

Aber der Bursche lässt dich nicht im Regen stehen. Auf Wunsch gibt das natürlich Stecker mit höherer Ampere-Absicherung. „Kostet aber extra", ist natürlich zu hören. Was in der Sache logisch ist. Keiner kassiert konsequenter.

Zum Nachfüllen der bordeigenen Wassertanks stehen nagelneue Zapfsäulen auf allen Stegen. In jeder Marina gehört das zum Service, der in den üblichen Liegegebühren meist enthalten ist. Nicht so auf Vitte. Hier sprudelt der Quell nur nach Extra-Geld-Einwurf. Wasser, fast so teuer wie Diesel.

„Von nichts kommt nichts", doziert der Ossi im Stil überragender Wirtschaftsexperten.

Unmittelbar vor der Einfahrt zu den Liegeplätzen ist die Fahrrinne extrem schmal und führt zum Rand nur noch knietiefes Wasser. Der Hafenkönig hat das Ganze großzügig mit angemalten Stöcken gekennzeichnet.

Ein Slalomkurs, der bis zur letzten Stange absolut korrekt einzuhalten ist. Neulinge und vor allem Chartercrews lassen gern die Schluss-Markierung aus. Solltest du auf keinen Fall machen. Sonst hat dich Sekunden später der Schlick fest im Griff.

Schon ist der Hafenmeister zur Stelle und bietet vom äußersten Steg aus Schlepphilfe an. Dafür hat er eine spezielle Vorrichtung konstruiert.

„Muss ich leider in Rechnung stellen", heißt es dann, was inzwischen keinen mehr verwundern dürfte.

Im vierten Jahr unserer Besuche auf Hiddensee glaubte ich, dass auch er einmal seinen Meister gefunden hätte. Ich bestaunte sein zweites großes Gebäude neben dem Duschkomplex.

„Ferienwohnungen, Kiosk, Fahrradverleih. Und mein Büro", erklärte er mir.

„Warum aber", fragte ich, „haben in dem Haus alle Fenster verschiedene Rahmen? Da hat dich doch die Zulieferfirma reingelegt!"

Mitleidig blickte mein bewundernd gehasster Freund auf mich herab. „Blödsinn! Ich habe einfach verschiedene Lieferanten im Westen angeschrieben. Für ein angebliches Großprojekt sollten die mir Muster schicken. Was sie auch alle gemacht haben. Deshalb die unterschiedlichen Arten, was mir egal ist."

Ich schaute skeptisch.

Doch er setzte noch einen drauf: „Alle waren scharf auf den möglichen Riesenauftrag. Deshalb hat mir jeder das Muster geschenkt. Billiger kommt keiner an neue Fenster. Verstehst du jetzt?"

Ich verstand. Kapitalismus kann man nicht lernen. Dafür musst du geboren sein.

## Von der Kunst des Grillens

Machen wir mal Pause an Land. Hast du auf Lyö nicht weit zu gehen. Vom Hafen, den sie übrigens mit viel Liebe prächtig renoviert haben, geradeaus einfach los. Ist nix zu verfehlen. Gibt nämlich nur die eine Hauptstraße.

Am Hafenausgang der Grillplatz. Jetzt verwaist, im Sommer wäre das anders. Wobei das mit dem Grillen auch eine sehr spezielle Sache ist. Unsere dänischen Nachbarn sind unerreicht, was die Geschwindigkeit beim kulinarischen Nach-Segelprogramm anbelangt. Am Heck belegen sie noch die Leinen, am Bug wird derweil schon das offene Feuer angeheizt. Auf keinen Fall sucht irgendeiner lange nach idyllischen Plätzchen. Grill auf den Steg – und fertig ist die Wurst.

Wir Deutschen hinken in dieser Beziehung um Meilen hinterher. Es dauert, bis die erste Kohle entzündet ist. Vielleicht auch deshalb, weil jeder seinen Senf dazu gibt, bevor der überhaupt als Würze gebraucht wird.

Zunächst hagelt es gute Ratschläge. „Nur Papier als Anzünder!" „Auf keinen Fall. Besser die Kohlen mit Spiritus übersprühen." „Um Gottes Willen! Das fördert Krebs!" „Ich nehme immer Kaminanzünder." „Ich auch. Aber die wolltet ihr leider nicht kaufen..."

Die Dänen sind also schon fast satt und haben bereits etliche Dosen Faxe geleert. Die Deutschen sind da noch in der Vor-Vor-Phase. Doch in aller Regel werden auch sie irgendwann die kalten schwarzen Kohlen in heiße Gänge gebracht haben.

Grundsätzlich sind deutsche Segel-Griller in zwei Gruppen zu gliedern. Natürlich gibt es eine Unterschicht. Dazu zählen alle, die auf öffentliche, hafeneigene Kokelplätze angewiesen sind. Ähnlich wie beim Liegestuhl-Blockieren mittels riesiger Handtücher in All-Inclusive-Ferienanlagen haben die meist einen hauptamtlichen Grillblockierer an Bord. Das sollte auf keinen Fall der schmächtigste Mitsegler sein. Beim Kampf um Hafengrills wird nämlich stets und überall mit härtesten Bandagen gearbeitet.

Der Einsatz des Blockademeisters beginnt regelmäßig spätestens unmittelbar nach dem Festmachen. In der Hauptsaison können dann jedoch bereits wertvolle Sekunden verstrichen sein. Es empfiehlt sich also, die Kohle unter den Arm zu klemmen und die letzten Wassermeter mit einem beherzten Sprung zu überwinden.

Vor allem in rappelvollen Häfen werden dank dieser zeitsparenden Methode lästige Konkurrenten anderer Boote klar in die Defensive gedrängt. Denn wie das Amen in der Kirche steht unverrückbar dieser Grundsatz fest: wer zuerst kommt, der grillt auch zuerst.

Jetzt, wie gesagt, wären diesen technischen Grundtricks überflüssig. Doch wir wollen ins Dorf zum Inselkro. Mal sehen, ob die örtliche Küche heute was Inseltypisches auf den Tisch zaubert. Doch auch auf Lyö nagt der Zahn der Zeit, wie wir leider feststellen müssen.

Zwar zweigen noch immer alle paar hundert Meter gesäumte Wander- und Radwege ab. Die sind hübsch eingerahmt von Kopfweiden, was ganz typisch für das Inselchen ist. Selbst Fußlahme sind spätestens nach zehn Minuten im Zentrum. Lyö By heißt das Nest.

Schon auf dem Weg dahin bemerken wir die Veränderung. Jede Menge Schilder: „Til salg!" – zu verkaufen.

Ausverkauf im Paradies. Grob geschätzt wartet jedes dritte Haus auf neue Eigentümer. Die alten Insulaner sterben weg, die Jungen finden hier keine Arbeit mehr. Etliche der betagten Unterkünfte werden bereit umgebaut und renoviert und ihrer neuen Bestimmung zugeführt. Sie werden degradiert zu Wochenend-Domizilen, wo früher lebendiger Insel-Alltag herrschte.

Zu kaufen auch der Inselkro. Nix ist es mit frisch gefangenem Fisch oder auch nur einem Hotdog. Verrammelt und zugenagelt. Die Insulaner scheinen sich mit dem Kneipenende arrangiert zu haben.

Sie sitzen im Garten vor dem einzig verbliebenen Brugsen, der hier anders heißt. Der Tante-Emma-Laden von Lyö. Sie reden laut und trinken Carlsberg aus Flaschen und träumen womöglich auch von früheren Zeiten.

Die Kirche gehört zu den wenigen unverändert gebliebenen Zeitzeugen. Drumherum findest du den einzigen erhaltenen Rundfriedhof Dänemarks. Naturfreaks latschen noch etwas weiter. Am flachen aufgespülten Nordstrand liegt "Anes Kiste", einer der größten Findlinge Dänemarks. Wer Steine bestaunen mag, sollte das nicht auslassen.

Im Jahr 2023 werden sie auf Lyö vielleicht ein mächtiges Gedenkfest feiern. 800 Jahre sind das dann her, dass hier der dänische König Waldemar II und sein Sohn vom bösen Grafen von Schwerin gefangen genommen und auf die Burg Dannenberg geschleppt wurde.

Aber vielleicht ignorieren die Einheimischen auch diese geschichtsträchtige Erinnerung. Weil sie dann in der Unterzahl sind und die neuen Anlieger mit der Tradition vermutlich wenig am Hut haben. Wochenend-Insulaner machen sich mit hoher Wahrscheinlichkeit nichts aus dem Schicksal Waldemars.

Ein neuer Wonne-Morgen im Hafen von Lyö. Die Sonne geht eben auf und schon ist volle Action auszumachen.

Volker rumort noch früher als üblich herum. Er ist verzweifelt dabei, die erste Aufgabe des Tages zu lösen. Es geht darum, sich in die alljährlich strammer sitzende Trainingshose zu zwängen. Angeblich ist das Ding eingelaufen. Eine Theorie, die er leidenschaftlich verteidigt. Obenrum kaschiert ein großflächig geschnittener Pullover den Waschbärbauch. Waschbrett? Schnee von vorgestern...

Die professoralen Aktivitäten reißen mich auf der allnächtlich zur Koje umgebauten Pantry-Sitzecke aus wohlverdientem Schlaf. „Das wird immer eher mit dieser senilen Alters-Bettflucht. Was ist jetzt passiert?"

„Unsere Brötchen!" Er klingt ebenso gierig wie aufgeregt. „Die Ungewissheit bringt mich um."

Es bleibt ungesagt, welch furchtbares Schicksal der arme dänische Hafenmeister für den Fall des nicht eingelösten Versprechens würde erleiden müssen. Gehetzt verschwindet Volker Richtung Fähranleger.

Müde schäle ich mich unter dem dicken Federbett hervor an die frische Luft  und setze Wasser für den Kaffee auf. Einerseits ist es wirklich ziemlich früh, gerade 8 Uhr durch. Andererseits – wir könnten die Gunst der frühen Stunde nutzen und mal ganz sutje vor uns hinsegeln auf dem Weg südlich runter zur Schlei und nach Kappeln.

Der schrille Pfiff des Wasserkessels beendet in seiner zweiten Nutzfunktion als Wecker endgültig die Ruhe im Boot. Siggi schiebt den verwuschelten Kopf aus seiner halb geöffneten Tür: „Erst nervt mein Bettnachbar als morgendlicher Amokläufer. Und dann schaffen manche Leute es nicht einmal, dem blöden Kessel den Hals umzudrehen."

„Regress!" Sogar Hans tönt ausnahmsweise lautstark aus dem Bugraum.

Die Sache mit den avisierten Brötchen hat tatsächlich funktioniert. 16 Stück, bunt gemischt, herrlich duftend und noch handwarm. Offensichtlich hält der trinkfreudige Däne uns für eine Crew mit ungezügeltem Appetit.

„Was meint ihr", sagte ich zwischen zwei Bissen, „gemütlich zur Schlei, abends einen guten Tropfen in Maasholm?"

Die Crew knurrt mampfend etwas, was man als Zustimmung auslegen könnte. „In Deutschland ist das Bier besser und billiger", sinniert Volker.

„Wind mäßig aus Nord", verkündet Siggi. „Das passt genau." Ich staune: „Wie hast du denn das rausgekriegt?"

„Die Stärke am Windmesser abgelesen. Dann die flatternden Fahnen an Land beobachtet und die Richtung mit dem Kompass abgeglichen."

Er grinst. „Irgendjemand wird mit mir das Schiffs-Sweatshirt tauschen müssen. Auf meinem steht ‚Mannschaft'. Das kann auf keinen Fall noch länger für mich gelten."

„Heutzutage hat niemand Aussicht auf Beförderung, der nicht in die Mündung einer Kanone springt und zum Zündloch wieder herauskriecht", kriegt er als Antwort von mir um die Ohren gehauen.

Jetzt schweigt Einstein beleidigt.

„Wahrscheinlich auch eine Weisheit von Joseph Conrad", vermutet der Professor nicht zu Unrecht.

Offensichtlich wird es für mich Zeit, eine neue zitierfähige Größe zu finden. Denn eines musst du dir merken: Die Mannschaft sollte nie mitbekommen, wo der Skipper seine Weisheiten klaut.

Also Themenwechsel. Kümmern wir uns mal um das Tagesprogramm.

„Es geht erst einfach hoch, um Lyö rum. Damit ihr auch die andere Seite der Insel seht. Danach Südwest. Der Wind dafür ist wie bestellt. Der komplette Törn unter Segeln, wenn sich denn nicht groß was ändert."

Gegen 11 Uhr ist „Lady Elliot" unterwegs. Es bläst mit gut vier Windstärken. Nach dem Lyö Krog fast achterlich, da die Brise leicht gedreht hat. Wir entscheiden uns für die bequemste Art des Segelns.

Nur die Fock kommt raus und zieht uns bei ruhigem Wasser konstant voran. Im Team mit der Strömung schenkt uns das an die sechs Knoten Geschwindigkeit.

Die Sonne lacht, ich gebe den ganz Milden: „Früher hieß das Bauernsonntag. Dann durften die Seeleute den letzten Tag der Woche praktisch verbummeln. Zumindest dann, wenn der Kapitän gut gelaunt war. Ihr habt Glück. Ich bin gut gelaunt."

## Lords im Regen

Eine Jacht, die erste an diesem Tag, kommt uns mit rauschender Bugwelle auf einem Kreuzkurs entgegen. „Falsche Richtung", stellt Hans lakonisch fest. „Was soll sowas? Diese Eierei macht nur Stress."

„Engländer", sagt der Professor und zeigt auf die Flagge. „Die sind so. Die lieben es kompliziert. Und haben wahrscheinlich selbst hier ihren Smoking an. Wisst ihr noch, damals in Rönne auf Bornholm?!"

Richtig, die beiden Lords oder mindestens Earls oder so.

Es pladderte wie verrückt. Völlig unbeeindruckt von der Sintflut machten die Typen im dicken Ölzeug ihr wunderschönes altes Holzboot neben uns fest. Wir halfen, selbstverständlich, obwohl einiges an Weltuntergang erinnerte. Die Gentlemen dankten, selbstverständlich.

Dann war das Manöver abgeschlossen. Und hast du nicht gesehen, klart es genau in dieser Sekunde wieder auf. Sonnenstrahlen zwängen sich durch die Wolken. Reine Schikane vom Himmelschef, denke ich.

Die beiden Briten hatten offenbar genau das erwartet. Jedenfalls schälen sie sich noch auf Deck aus ihren wetterfesten Klamotten. Darunter – ganz ehrlich – blitzt ein blütenreines weißes Hemd, die Krawatte akkurat gebunden.

Am Club-Sakko ist der leuchtend goldene mittlere Knopf geschlossen, die dunkelblaue Hose hat eine messerscharfe Bügelfalte – so was hast du überhaupt noch nie gesehen. Vielleicht irgendwo bei einem vornehmen Ball, ganz bestimmt nicht in einem stinknormalen Jachthafen.

Betroffen starrten wir an unseren ausgebeulten Jeans und den angeschmuddelten Pullovern runter. Das Segeln galt einst als Sport für Gentlemen. Einst.

So war das, damals in Rönne. „Und?", habe ich gefragt, „was lernt uns das?"

„Besser ist, du hast nix", sagt Volker. „Dann musst du auch nicht im Clubsakko rummachen!"

Auf alle Fälle nervt uns heute kein Schietwetter. Die Wohlfühlmomente vom Feinsten halten an. Kaum möglich, dass dir an einem solchen Glückstag die Stimmung verhagelt wird. Außer, du schleppst aus Versehen ein Energiebündel mit an Bord durch.

Ist bei uns zunächst nicht der Fall. Volker starrt auf das leicht gekräuselte Wasser des Kleinen Belts. Er hält das ohne Erschöpfung stundenlang durch. Hans bräunt sich auf dem Vorschiff. Ich habe mich bis zum Band „Hornblower wird Kommandant" vorgekämpft. Siggi schmökert in irgendeinem Handbuch.

Ruhe rundum.

Natürlich kann diese stille Harmonie nicht ewig dauern. Irgendwas ist immer. In diesem Fall hat Einstein wieder was Schlaues gefunden: „Hört euch das mal an!"

Seit dem Ablegen blättert er sich durch die Fachschwarte. Stundenlang mit zunehmendem Genuss. Offensichtlich hat er gelegentlich auch darin gelesen. Denn jetzt dürfen wir uns wieder ein Zitat anhören:

„Segeln ist eine Fortbewegungsart unter Nutzung des Windes, bei der ein scheinbarer Wind ein oder mehrere Segel anströmt und dadurch den Vortrieb des Bootes bewirkt!"

Er lässt die inhaltsschweren Worte wie Zucker auf der Zunge vergehen.

„Logisch!" Der Professor hat aufgehalten, das Wasser anzustarren. Er nickt eifrig. Wie er immer nickt, wenn er von irgendetwas nicht den schwächsten Hauch einer Ahnung hat: „Genau so ist das!"

Siggi klappt das Buch schwungvoll zu. „Testen wir den Skipper. Was ist Segeln?"

Kein Problem. Auf diese Frage bin ich immer und jederzeit bestens vorbereitet. Zugegeben, dank einer geklauten Antwort. Die einzig stimmige Definition nach meinem Geschmack habe ich vor vielen Jahren im Hafen von Grömitz aufgeschnappt.

Offensichtlich ist es Zeit, sie wieder unters Volk zu streuen: „Segeln ist, wenn man freiwillig und ungeschützt im Regen draußen rumhängt, dabei gleichmütig Geldscheine zerreißt, die Fetzen lächelnd in die Luft wirft und vom Wind auf Nimmerwiedersehen davonjagen lässt".

Sie staunen.

„Warum macht man solchen Blödsinn?" Hans fragt nicht viel. Aber wenn, dann auf den Punkt genau. „Bei diesem Hobby vernichten also durchaus intelligente Menschen freiwillig jede Menge Euro, reißen die Scheinchen im Schietwetter klein und lassen sie über Bord wehen. Wie, um Himmels Willen, kann man überhaupt solchem Geldvernichtungsgefährt hörig werden?"

Eine gute Frage.

Natürlich weiß der Neuling noch nicht so richtig um die Wahrheit. Tatsache ist denn auch, dass viele Segelanfänger an den Folgekosten scheitern. Der eigentliche Kauf ist häufig der kleinste Posten. Viele Neu-Einsteiger merken das sehr schmerzlich erst im Laufe der ersten Jahre.

Der Anfang wird heute jedem leicht gemacht. Banken wollen Geld unter die Menschen bringen, es wird viel geerbt und auch schwarz mancher Schein gebunkert. Dazu kommt: Gebrauchte Schiffe sind relativ günstig zu haben.

Und – mal unterstellt, die Käufer wurden nicht böse reingelegt oder haben zur Begutachtung intelligenter Weise einen Kenner mitgenommen – Second-Boote sind durchaus akzeptabel. Wer sich auskennt und ein Quäntchen Glück auf seiner Seite kann ein Schnäppchen landen.

Doch man mag den Interessenten nur wünschen, dass sie auch was von Liegeplatzgebühren, Kosten für das Winterquartier, Ausbesserungsarbeiten oder neuen Segeln gehört haben oder zu hören bekommen. Denn da liegt der teure Haken bei der Segelei. Natürlich unterschlagen die Verkäufer solche knallharten Fakten gern, denn das könnte ihr Geschäft schmälern.

Wer allerdings einmal dabei ist und an seinem Hobby nicht Pleite geht, der kann leicht ähnliches erleben wie jüngst ein befreundetes Paar. Die beiden hatten sich zu ihrer Bavaria noch eine Ferienwohnung in Grömitz gekauft. Und am Saisonende festgestellt, dass zwei Quartiere an einem Ort blöde sind. Überlegung hin und her – dann beschloss der Familienrat einmütig: Das Schiff kommt weg.

Anzeige aufgegeben, bei den Nachfragenden die Spreu vom Weizen getrennt. Übrig blieb am Ende ein Flugkapitän, der es privat mal mit einem neuen Element versuchen wollte. Der Bursche  kam also an, Geld im Sack dabei. Das Schiff war tiptop gepflegt und hervorragend in Schuss, man wurde sich sehr schnell einig. Unsere Kumpel setzten in der Kajüte den Vertrag auf, es musste nur noch unterschrieben werden.

Und genau in dieser Sekunde bekamen die beiden feuchte Augen. „Wir haben es einfach nicht übers Herz gebracht!", erzählten sie später. „Es war, als ob wir ein Familienmitglied verkaufen wollten." Leidtragender war der Pilot. Er musste von Bord, ohne Eigner geworden zu sein.


Die Wege, die bodenständige Bürger veranlassen, ihre Freizeit auf einem meist schaukelnden Etwas verbringen zu wollen und sich davon auch nicht mehr trennen mögen, sind vielfältig und verschlungen. Wobei es durchaus auch Bootseigentümer gibt, denen ohne dieses Spielzeug der entscheidende Trumpf bei der persönlichen Werteaufzählung fehlt, die gern auf dem Golfplatz vorgenommen wird und dort immer wieder zu hören ist.

„Mein Haus, mein Auto, mein Pferd, mein Hund", reicht nicht mehr aus.

Schuld am späteren Kauf meiner Nauticat sind die Österreicher. Um präzise zu sein, ein Burgenländer. Ein Kollege, den es zufällig beruflich nach Hamburg verschlagen hatte. Bei einer bis dahin streitfreien Weihnachtsfeier prahlte er vollmundig, gerade im Spätherbst die Prüfung für den Bootsführerschein erfolgreich absolviert zu haben. Auf Anhieb natürlich, vollständig ohne Probleme.

Norddeutsche mögen diese Art der Selbstdarstellung nicht. Erstens aus Prinzip, zweitens überhaupt. Und drittens ist es uns ein Gräuel, wenn einer angeblich etwas besser kann als wir.

Die Symbiose von Burgenländer und Bootsführerschein bildet eindeutig ein Feindbild. Schließlich haben die nur ihren Neusiedler See. Der ist an seiner tiefsten Stelle knapp 1,80 Meter flach.

Zwei Tage nach der  Feier meldete ich mich damals zum Kurs für den Bootsführerschein an. Manche Sachen darf man einfach nicht akzeptieren.

*****

Unsere ruhige Segelfreude nur mit der Fock, die Segelstellung für Faule, auf dem Weg nach Maasholm hält leider nicht bis zum Ziel an. Der Wind stellt seine Arbeit komplett ein, als das Ende der Insel Als mit dem Leuchtturm Gammel Poel an der Südostecke in Sicht kommt.

Im Sommer ist das hier ein Paradies für Dorschangler. Da muss man dann fast mit Zickzack-Kurs um deren Boote kurven. Jetzt ist es noch zu früh. Alles ruhig. Ich verordne Bequemlichkeit: „Segel runter. Wir motoren den Rest, außer es tut sich noch mal was."

Das Manöver bereitet inzwischen keine Probleme. Der kleine Blister verschwindet in seinem Sack. Alles klar soweit.

Dann der Griff zum Zündschlüssel. Regelmäßig ist das ein spannender Moment, wenn nach längerer Segelphase die Maschine anlaufen soll. Was wäre, wenn nicht...

Wobei es auch die andere Variante gibt. Was, wenn der Motor plötzlich unterwegs in Streik tritt? Wenn dir das mal passiert, ist eines sicher wie das Amen in der Kirche: garantiert schweres Wetter draußen.

Weißt du doch: Murphys Gesetz. Wenn was schief geht, dann aber auch alles. Besser nicht daran denken.

Solltest du aber nie komplett vergessen und mindestens mal einen Übungsgedanken daran verschwenden. Einmal habe ich das erlebt. Wobei der gute alte Gustafsson vollständig unschuldig war. Die Werft hatte im Winterlager – aber der Reihe nach.

$$*****$$

Wir kamen damals von Hiddensee. Der Schlusstörn einer vergnügten Sommerreise. Wir genossen Bordleben zu viert, in der seriösen zwei-Paare-Formation.

Der Wind blies mit gut 5 fast von vorn, also etwa aus westlicher Richtung. Und er wollte spürbar noch ein paar Kohlen drauflegen.

Ich hatte morgens im gemütlichen Inselhafen Vitte die Tanks umgestellt. „Lady Elliot" ernährte sich jetzt aus dem 300 Liter Behälter an der Backbordseite. Die Benzinanzeige, im Winter ausgetauscht und neu montiert, zeigte sieben Achtel auf voll.

„Damit schaffen wir ungefähr noch 400 Meilen", dozierte ich und erklärte dem männlichen Gast, wie so was denn wohl zu berechnen sei.

Er nickte.

Die Maschine im Bauch von „Lady Elliot" brummte genüsslich vor sich hin. Allerdings nur noch eine knappe halbe Stunde. Dann war Feierabend. Blubbernd erstarb der Motor.

Noch nie hatte Herr Gustafsson „Lady Elliot" und mich im Stich gelassen. Jetzt plötzliche Stille. In dieser Minute weder erwünscht, noch erwartet. Einfach das riesengroße Nixgehtmehr.

„400 Meilen waren das nicht!", scherzte der Gast wohlgemut. Was dir wieder eines deutlich macht: Das Leben vereinfacht sich wesentlich, wenn du keine Ahnung hast.

Gleichzeitig jedoch setzte die schwunglos gewordene Lady schwer in den anrollenden Wellen auf. Weshalb ihm weitere Sprüche im Hals stecken blieben. Seine Gesichtsfarbe änderte sich zusehends von urlaubsbraun auf grünlichweiß.

Einige Startversuche scheiterten kläglich. Die gute alte Maschine verhielt sich mit ihren fast 100 PS wie alteingeschriebene Gewerkschaftler. Jetzt wird gestreikt, auch wenn das momentan garantiert Blödsinn ist.

Schon hatten wir den Moment, den jeder intelligente Mensch auf sie unter allen Umständen vermeiden will. „Fock hoch und umdrehen!", entschied ich spontan. „Zurück nach Kühlungsborn. Bis zum Ziel Grömitz kreuzen wir uns bei diesem Wetter den Wolf!"

Unsere Gäste-Mitsegler verdrückten sich in den Salon. Ich spürte Skepsis in ihren Blicken. Mein untadeliger Ruf als Skipper hatte irgendwie eine Schramme erhalten. Der Grund für den stummen Motor blieb also zunächst unerforscht.

Die beste Seglerehefrau von allen begab sich ans Ruder, ich setzte die Fock, „Lady Elliot" drehte gehorsam. Schon rauschten wir alle zusammen mit fast achterlich einfallendem Wind ab wie Schmidts Katze. Kaum noch zu merken, dass die Ostsee inzwischen richtig aufgewühlt war.

Im schmucken Hafen von Kühlungsborn blieb die Ursache des Malheurs nicht lange unentdeckt. Ausgerechnet der unkundige Gast enttarnte die Wurzel allen Übels. Offensichtlich hatte der sichere Liegeplatz ihm neuen Lebensmut, frische Farbe und Geistesschärfe eingehaucht.

„Die Tankanzeige steht jetzt auf voll!", sagte er und tippte mit ausgestrecktem Zeigefinger dagegen.

Womit alles klar und logisch war.

Die Blödmänner vom Jachtservice hatten im Winterquartier erst den Tank entleert, ihn gereinigt, dann die Anzeige falsch herum angeschlossen und als traurigen Höhepunkt auch vergessen, den Treibstoff komplett wieder zurück zu pumpen. So zeigte leer voll – und du hängst aufm Wasser und machst ziemlich dicke Backen.

Ein fahrlässiger Leichtsinn der angeblichen Fachfirma, der ein wesentliches Grundübel in der kompletten Thematik Freizeit-Wasser-Spaß aufzeigt. Es ist für Hobby-Bootseigner unglaublich schwer, wirklich zuverlässige und qualifizierte Experten zu finden. Die Zahl der Scharlatane, die sich da tummeln, ist bestimmt größer als die der Könner. Kassieren wollen alle – gern viel, schnell und möglichst im Voraus. Doch leider allzu häufig steht die Geldgier im krassen Gegensatz zur fachlich korrekt ausgeführten Arbeit.

Woran erkennst du nun den wahren Fachmann?

Ich sag' dir die Lösung: Bauchgefühl. Alles eine Sache vom Bauchgefühl. In Sachen Motor habe ich inzwischen auch meinen Freund gefunden

Er sollte die Maschine mal so richtig durchchecken. Fitness-Kur für einen betagten schwedischen Herrn sozusagen. Als wir die Bodenbretter weggeräumt hatten, blitzte die erste Ecke vom Motor auf. „Ein Gustafsson", freute er sich. „Sieht man nur noch ganz selten. Da brauchst du zur Kontrolle und Reparatur keinen elektronischen Schnickschnack. Schraubenzieher reicht völlig!"

Wohlgemerkt, er hatte die Maschine noch gar nicht richtig gesehen. Ich staunte: „Ich habe das Ding jahrelang für einen Ford Lehmann gehalten. Schließlich steht das auch auf der Betriebsanleitung."

„Gustafsson", wiederholte der Typ. „Das ist völlig egal, was auf der Anleitung steht. Die Motoren sind nämlich völlig identisch. Nur Lehmann ist rot gespritzt, Gustafsson blau. Und der hier ist blau!"

Er war eindeutig blau und auch alles andere stimmte. Irgendwo tief unten war auch der Markenname eingestanzt: Gustafsson. Da begann ich zu ahnen, dass sich meine private Expertenliste um einen neuen Namen verlängert hatte.

Allerdings ist der Mensch ein Gewohnheitstier. Deshalb ist Gustafsson für mich unverändert Lehmann. Irgendwie klingt das in meinen Ohren besser. Oder wir machen in der Übergangsphase erstmal einen Doppelnamen daraus. Die sind doch sowieso angesagt heutzutage.

Lehmann-Gustafsson ist jetzt querab Als nicht im Streik. Er ackert fleißig, der Rest pausiert. Es ist wenig los. Zeit genug also, weiterhin in aller Seelenruhe den eigenen Gedanken nachzuhängen.

Dumme Fragen scheinen nicht mehr zu drohen. Einstein hat das Handbuch weggestellt. Der Motor brummt, sonst tut sich nix. Muss auch mal sein. Wer nicht schweigen kann, sollte nie an Bord gehen.

Irgendwann taucht voraus Land auf. Flach und zunächst winzig. Der Hafen von Maasholm liegt Steuerbord voraus, ziemlich dicht hinter der Schleimündung. Auch dieses Boots-Quartier dürfte jetzt im späten Frühjahr fast noch verwaist sein.

Im Sommer sieht die Welt anders aus. Sardinen in ihrer Büchse haben dagegen richtig viel Auslauf, zumal jede Menge Dauerlieger es zum Glücksspiel machen, einen Platz für die Nacht zu ergattern.

# Der Geheimdienst nebenan

In der Saison ist es in Maasholm also knallvoll. So war das damals im tidenabhängigen Hafen von Le Palais auf der französischen Insel Belle Ile auch. Großartige Szenen durfte ich da erleben. Mir fällt diese Geschichte beim Festmachen wieder ein, weil ich zwei Boxen weiter einen Segler mit der englischen Fahne am Heck ausmache. Engländer spielten damals in Frankreich nämlich eine wichtige Rolle.

Sie hatten wie wir kurz zuvor bei eben noch ausreichendem Wasser die stabile, betagte Schleuse des Inselhafens passiert und kamen ins Päckchen neben uns. Drei grauhaarige Gentlemen, zusammen mindestens 290 Jahre alt und wahrscheinlich mit noch längerer Erfahrung auf dem Wasser.

Ein Trio, wie ich mir immer die Chefs vom MI5 vorgestellt habe. Das ist der britische Geheimdienst, wie jeder seit James Bond weiß. Schnauzer, Pfeife, perfekter Dresscode. Ansteuern, wenden, Fender ausbringen, Leinen belegen – alles wortlos und nahezu blitzartig. Vollständig blindes Verständnis. So mögen sie früher im Dienst die Welt vor dem Bösen gerettet haben. Zumindest die englische.

Wir hörten wohl formulierte Entschuldigungen für die möglicherweise auftretende Störung unserer Ruhe durch ihre Nachbarschaft. Natürlich trampelten sie auch nicht über das Vorschiff von „Lady Elliot". Sie schwebten Gazellen gleich. Wie einst wahrscheinlich beim nächtlichen Einsatz.

Allerdings schritten sie zügig aus. Offensichtlich zur Erledigung dringender persönlicher Angelegenheiten. Jeder hielt eine Rolle Klopapier in der Hand.

Später vergrößerte ein französisches Boot ganz außen neben den Engländern als drittes unser Päckchen. Eine Familie. Vater, Mutter und eine durcheinander wirbelnde und deshalb zahlenmäßig nicht korrekt feststellbare Kinderschar. Lärm, pausenloses Hin und Her. Nix mehr mit Gazelle.

Ich war genervt. Die inzwischen von den dringenden Geschäften zurückgekehrten Gentlemen dagegen verzogen keine Miene.

Am nächsten Morgen allgemeines Auslaufen. Tidenbedingt ist die Zeitspanne knapp bemessen. Alles muss reibungslos klappen. Sonst hängst du draußen wieder auf dem Trockenen.

Funktioniert meistens auch. Dafür garantiert die geradezu generalstabsmäßige Planung vom Hafenmeister. Der flitzt im Schlauchboot rum und hält das Tohuwabohu flüssig in Schwung.

Wir waren bereit. Nach freundlichem Austausch der Tageszeit harrten mit uns die Engländer korrekt und schweigend der Dinge, die da kommen sollten.

Wir warteten auf die Crew der französischen Jacht. Solange sich dort nichts tat, waren auch wir zur Untätigkeit verdammt.

Der Hafenmeister hatte das Päckchen vor uns aufgelöst. Andere Schiffe von weiter hinten strebten bereits an unserem Terzett vorbei. Ich sah auf die Uhr.

Irgendwann erhob sich einer der Engländer. Nachdrücklich klopfte er mit seiner Pfeife gegen die französische Reling.

Nichts.

Warten, dann wieder Pochen, etwas intensiver. Wieder nichts. Oder besser: fast nichts.

Als erster und einziger schob sich der halbwüchsige Sohn aus dem Cockpit. In bunt-karierten Schlafshorts, wirrem Haar und brennender Zigarette im Mund.

Ob sie denn netterweise wohl ablegen würde, wurde gefragt. Natürlich in englischer Sprache.

Er antwortete langsam. Natürlich Französisch. Doch nicht nur deshalb schwer verständlich. Jedenfalls sei an ein Auslaufen überhaupt nichts zu denken. Man hätte in der Nacht zuvor..., eine kleine Familienfeier..., der Alkohol...

Zugegeben, ich wollte lospöbeln.

In dieser Sekunde erhob sich der älteste der alten Engländer. Majestätische Grandezza in Reinkultur. Er würdigte den jungen Franzosen keines Blickes. Der war reine Atlantikluft für ihn. Er wandte sich an uns. Wir hörten drei Worte: „They are French!"

Nie werde ich diesen Tonfall aus dem Ohr kriegen.

Da klang trotz des nur leise gesprochenen Satzes so viel Abscheu durch, mehr ist einfach nicht möglich. Abscheu über Schweinemanieren im Allgemeinen, Abscheu über diesen Burschen und seine Familie im Speziellen.

Zusätzlich gewürzt war der Tonfall mit einer vollen Prise Unverständnis. Über Menschen, die durchfeiern, aber deshalb ihren Job nicht antreten können. Unverständnis darüber, wie man Seglerkameraden hängen lassen kann.

All das und noch viel mehr, eingefangen in einem melodisch-resignierten: „They are French!"

Die Gentlemen haben dann ohne ein weiteres Wort das Franzosenschiff losgemacht und an einem achteraus liegenden Fischkutter befestigt. Ich durfte bei der Abschiebung als wohlgelittener Ausländer assistieren, was ich als persönlichen Ritterschlag begriffen habe.

*****

Wir passieren den gut 14 m hohen Leuchtturm Schleimünde. Der ist zwar optisch nicht besonders beeindruckend, dafür hält er einen seltsamen Rekord. Kein anderer Leuchtturm wurde so oft umgemalt. Gemauert 1871 mit gelbem Ziegel glänzte er ab 1890 dunkelgrau, dann wieder gelb, ab 1910 hellgrau, ab 1920 schachbrettartig rot und weiß gewürfelt, danach schwarz-weiß gewürfelt.

Später wurde er Kunststoff verkleidet und glänzte weiß mit einem schwarzen Rand. Seit 2015 ist er grün-weiß. Niemand weiß, ob das der Endzustand ist. Geändert hat sich in all den Jahren nur eines nicht – sein zwölf Seemeilen weit sichtbares rotes Festfeuer.

Dann ist „Lady Elliot" fest in Maasholm. Mit 450 Plätzen einer der größten Häfen in dieser Ecke, wahrhaft aber keiner der wirklich schönen Art. Dafür bereitet die Anfahrt technisch keine Probleme. Alles ist ganz übersichtlich, wenn auch zum Ufer der Schlei es an beiden Seiten sehr schnell ziemlich flach wird.

Wir liegen im Südteil des Hafens an einem der ersten Anleger. Feierabend. Raus mit dem Einlaufbier. Im Gänsemarsch trotten wir anschließend los zum Stadtrundgang.

„Hat sich wenig getan", stellt der Professor sehr richtig fest. „Ein lohnenswertes Kneipenziel gibt es noch immer nicht." Deshalb auch hält es uns nicht lange an Land.

Gerade rechtzeitig zum Wetterbericht sind wir zurück an Bord. Die versprochenen Aussichten sind so, wie sie gerne geglaubt werden. Wind im Prinzip eher schwach, aus nördlichen oder nordwestlichen Richtungen, also passend für uns. Nix von Sturm oder andere unangenehme Botschaften.

„Leute", sage ich, „uns fehlt noch eine Nachtfahrt."

Die Idee ist bei mir auf einmal da.

„Wie – wohin denn?" Volker kratzt sich den offensichtlich schweren Kopf. „Bis wohin denn? Und heute geht das ja wohl nicht mehr, wenn ich mir die leeren Flaschen anschaue."

„Morgen. Wir machen tagsüber richtig auf faul und abends Leinen los."

Das Ziel habe ich schon im Kopf. „Kühlungsborn", doziere ich. „Ein schöner Ort, ein noch besserer Hafen. Sanitäranlagen haben die da, die träumen sie in Maasholm nur von. Das sind gut 70 Meilen. Da sind wir dann zum Frühstück im Hafen."

Nachtfahrt. Viele Hobby-Segler haben eine unerklärliche Scheu davor. Im Dunkeln lieber in' Hafen. Warum eigentlich?

Ich sag' dir mal meine Erfahrung: Es ist volle Kanone Breitseite besser, ein paar Meilen im Finstern zu absolvieren, als in einem bereits sattsam bekannten Hafen unterzuschlüpfen. So viel und so schnell verändern sich die meisten Ostsee-Ziele nicht, als dass man sie womöglich mehrfach in einer Saison ansteuern müsste.

Gehen wir die Sache mal logisch an. Was unterscheidet das nächtliche Segeln vom üblichen Tagestörn?

Die Antwort liegt auf der Hand. Es ist dunkel. Sonst bleibt alles gleich. Ehrlich, probiert das mal aus!

„Also einverstanden?" frage ich noch mal zur Sicherheit.

Das Trio nickt.

Siggi packt den neuen Plan handfest an: „Ich werde dann morgen schon mal ein paar Brote auf Vorrat schmieren."

# Nachts auf See

Wir verlassen die Schleimündung am nächsten Abend bei Sonnenuntergang. Mit der Berechnung des Kurses durfte sich die Crew am Nachmittag beschäftigen. Es hat gedauert, brachte aber in Dreier-Team-Arbeit ein brauchbares Ergebnis.

Das Trio wählte Volker zum Referenten: „Wir laufen zunächst 99° bis zum WP 29. Das ist die rot-weiße Mittwasser-Tonne vom Kiel-Ostsee-Weg. Dann wird der Kurs geändert. Etwa 146 Grad, direkt zum Hafen von Kühlungsborn. Was für Experten wie uns natürlich ein Kinderspiel ist."

Ich lass' diese kühne Bemerkung mal unkommentiert. Immerhin jedoch haben sie ganz sorgfältig nach klassischer Manier mit Zirkel und Lineal auf einer Karte aus Papier gearbeitet. Machen leider nur noch die wenigsten.

Elektronik ist das Zauberwort unserer Zeit. Die App auf dem Laptop geöffnet, Start und Ziel eingegeben und fertig. Den Rest erledigt der Computer. Was solche Segler wohl machen, wenn der technische Kram mangels Strom und Batterie mal nicht mitspielt...

Der Wind meint es gut mit uns, die Segel stehen, „Lady Elliot" macht ordentliche Fahrt. Langsam wird es schummrig und allmählich beginnt sie, die Nachtfahrt. Ganz ehrlich - das Ganze klingt aufregender, als es in der Praxis tatsächlich ist.

Es geht im wesentlich darum, die Zeit zwischen 22 Uhr abends und 6 Uhr in der Früh zu überbrücken. Vorher verzieht sich ohnehin niemand in seine Koje. Und länger pennt meistens auch keiner.

Klassisch seit Urzeiten ist die Wache im vier-Stunden-Rhythmus. Und zack steht dann die Ablösung da. Zugegeben – diese Spanne kann ziemlich lang werden. Wir haben deshalb unsere eigene Variante gebastelt. Die Zeit wird einfach halbiert. Schon hast du die simpelste Lösung. Bei einer Crew von vier Personen gibt in den entscheidenden acht Stunden jeder also für zwei Stunden den Ausguck.

Welche Phase ist besonders beliebt? Logisch, der Anfang. Kannst du nämlich hinterher in Ruhe durchpennen. Mal vorausgesetzt, alles verläuft in geordneten Bahnen.

Um Streit gar nicht erst hochkochen zu lassen, wird stets um die Reihenfolge geknobelt. Kann hinterher keiner meckern.

Wir halten das auch diesmal so, mit einer kleinen Einschränkung. Ich teile mich als Skipper für die letzte Wache ein. Voraussichtlich werden wir dann nämlich schon ziemlich nahe am Ziel stehen. Mir ist wohler bei dem Gedanken, dort das Geschehen selbst im Blick zu haben. Bei den Pappenheimern an Bord weißt du nämlich nie...

Ansonsten können vermutlich selbst die Drei navigatorisch und seemännisch kaum was falsch machen. Keine Flachs, ruhige See, gute Vorhersage, konstanter Wind.

„Und immer fix auf die dicken Pötte aufpassen", warne ich. „Im Fahrwasser schön an Steuerbord bleiben."

Die drei nicken: „Geht klar!"


Heutzutage kannst du für reichlich Bargeld jede Menge Kuren gegen Stress buchen. Entspannen im Baumhaus, Durchatmen im Heuhotel, Kuschelzeit im warmen Kuhstall:

die Angebote sind unglaublich. Leute, glaubt mir – rausgeschmissene Kohle. Das beste Allheilmittel gegen neudeutsch Burnout, Hektik und miese Stimmung funktioniert viel simpler. Da musst du rauf auf ein Segelschiff. Und dann läufst du bei ruhiger See in den allmählich dunkler werdenden Tag hinein.

Schon packt dich das Wunder. Geradezu zwangsweise breitet sich wohlige Gemütlichkeit aus. Vorsichtig drehst du das Glas mit dem funkelnden Rotwein zwischen den Händen. Ab und an prüfst du die Farbe vom Rebensaft in der langsam untergehenden Sonne. Vielleicht ein Häppchen Käse dazu. Oder ein paar Erdbeeren, wenn's die denn schon gibt, frisch aus dem letzten Hafen. Erst sind die Gespräche noch angeregt. Dann werden sie automatisch leiser und weniger. Dann sind alle stumm. Ist so, ehrlich.

Irgendwann versinkt der Feuerball in der platten See, wenn du Glück hast glutrot achteraus – damit das Klischee stimmt. Oder auch voraus, oder an Backbord oder an Steuerbord. Im Ergebnis aber völlig schnuppe. Du sitzt einfach da, schweigst und genießt.

Stress – nie gehört von diesem Ding...

„Ich mach mal die Festbeleuchtung an". Siggi schiebt sich gemächlich von der Backskiste hoch.

Eine der weniger Aufgaben, die er schon vor langem dauerhaft übernommen hat. Rot, Grün und nach hinten Weiß leuchten auf.

Das Licht im Großmast bleibt dunkel. Der Experte weiß natürlich Bescheid. Eingeschaltet würde sie signalisieren: Hier motort einer. Doch wir machen unverändert unter Segeln ordentliche Fahrt.

Die belegten Brote haben lecker geschmeckt. Drei Viertel der Besatzung bereiten sich dann irgendwann auf den Kojengang vor.

Hans ist der Glückspilz. Er hat die erste Wache gezogen.

„Nur angeleint nach draußen", schärfe ich ihm noch einmal ausdrücklich ein. „Die Rettungsweste verhindert kein über Bord fallen! In Zweifelsfällen sofort Bescheid sagen!"

Er nickt und wird sich garantiert streng daran halten. „Ich weiß. Über 100 Meter in einer Minute!"

Ich sag' jedem Skipper jetzt mal was. Das ist wohl die wichtigste Lektion, die du der kompletten Crew volle Breitseite einhämmern musst: 100 Meter in der Minute!

Was das bedeutet, kann sich jeder halbwegs Zahlenkundige leicht ausrechnen. Da brauchst du nicht mal 'n Laptop für. Selbst wenn ein Schiff nur vier Knoten, also vier Meilen, in der Stunde läuft, ergibt das alle 60 Sekunden eine zurückgelegte Strecke von satten hundert Metern.

Fällt einer ohne Zeugen über Bord, ist im Glücksfall bestenfalls das Aufklatschen zu hören. So aufgeschreckt dürfte jedoch trotz möglicher Blitzreaktion mindestens eine Minute vergehen, ehe die anderen aus der Koje geflitzt sind.

Schon machst du ganz dicke Backen. Der im Teich sowieso. Und die anderen, weil sie kaum helfen können. Nicht mal mit Adleraugen entdeckst du im Dunkeln einen winzigen Kopf im schwarzgrauen Wasser. Auch ein funkelndes Notlicht an einer hoffentlich getragenen Rettungsweste ist nur zufällig auszumachen. Also muss die entscheidende Regel lauten: Wir gehen nicht über Bord. Deshalb gilt auf „Lady

Elliot" bei Nachtfahrt strenge Anleinpflicht für den Wachhabenden.

✶✶✶✶✶

„Was ist?"

Das ruhige Dahingleiten, das gleichmäßige Plätschern des Wassers gegen den Rumpf hat mich wie gewohnt eingelullt und friedlich schlafen lassen. Jetzt rüttelt einer an mir. Das kann doch noch nicht Morgen sein.

Tatsächlich zeigt die Uhr gerade erst kurz nach 2, wie mir ein schneller Blick auf die leuchtenden Ziffern verrät.

„Wo brennt es jetzt wieder?"

Volker ist der Störenfried. „Da sind irgendwelche Lichter voraus. Habe ich in dieser Kombination noch nie gesehen."

Hose an, Pullover über, fertig. Offensichtlich hat der Professor schon vorher seine beiden Mitstreiter aufgescheucht. Jedenfalls stehen wir zur viert im Salon von „Lady Elliot", wo sich auch der zweite Steuerstand befindet.

Es ist stockfinster. Keine Sterne, kein Mond. Backbord voraus kommt ein offensichtlich großes Schiff auf. Im Top ganz viele rote und weiße Lichter übereinander. Kannst du kaum zählen, so viele sind das.

Volker zeigt hinüber: „Das Signal sind in keiner Tafel erklärt. Ich hab' alles durchgeblättert. Irgendein Hochseefischer ist das jedenfalls nicht."

Auch ich bin mir unsicher. Auf alle Fälle nähert sich da ein Schiff auf Kollisionskurs. Der andere ist deutlich schneller und größer als wir. Vorsicht ist die Mutter der Porzellankiste. Kurswechsel nach Steuerbord also!

Zum Glück steht der Wind dafür unverändert günstig. Ich habe mich entschieden: „Fallen wir erstmal ab und sehen was passiert. Dann wird der andere uns schon in Frieden lassen."

Die wenigen Handgriffe bereiten natürlich auch im Dunkeln keine Probleme. „Lady Elliot" dreht ihren Bug gehorsam etwas nach Steuerbord und nimmt wieder Fahrt auf.

Wir stehen inzwischen zu viert auf dem Achterdeck, starren zu dem jetzt noch knapp 200 Meter entfernten Schiff. Noch immer vergeblich. In der rabenschwarzen Dunkelheit ist nix Genaues nicht auszumachen.

Dann passiert es.

Drei Glockenschläge hämmern durch die Nacht zu uns herüber. Gleichzeitig schießt drüben gleißendes Flutlicht in den Himmel. Die mächtigen Deckstrahler tauchen dabei vier riesige Masten in taghelles Licht.

Vor uns rauscht unter Vollzeug die ‚Sedov' vorbei, der größte Rahsegler der Welt. Ein Gebirge aus weißen Segeln, schäumende Bugwelle.

Unglaublich. Ich spüre, wie mir ein dicker Kloß im Hals hochkommt. Wir sehen, wie Matrosen aufentern. Offensichtlich ist dort ein Manöver geplant.

Schon hat sie uns passiert. Wir staunen dem segelten Riesen sprachlos nach, bis ein paar Minuten später das Flutlicht erlischt. Wieder hat die Dunkelheit das mächtige Schiff verschluckt. Nur die roten und weißen Lichter im Masttop bleiben noch eine Weile sichtbar.

„Die Lichterpalette bedeutet offensichtlich Großsegler unter Vollzeug", murmelt Volker. „Werde ich nie mehr vergessen."

Ich stoße Hans an.

„Du wolltest irgendwann wissen, warum man das macht, mit dem Schiff und so. Nun kennst du die Antwort. Man macht es, um irgendwann vielleicht solch einen Moment erleben zu dürfen."

## Das Paradies im Duschhaus

Lieben und besoffen sein ist des kleinen Mannes Sonnenschein. Sagt der Volksmund, wenn auch etwas drastischer. Da mag was dran sein. Aber ich kann einen drauf setzen.

Das Größte überhaupt ist, wenn dich nach einer Nachtfahrt das erste Morgenlicht so richtig wach kitzelt. Wenn irgendeiner mitgedacht hat, durchzieht gleichzeitig der unvergleichliche Duft von frischem Kaffee das langsam erwachende Schiff. Alles hat geklappt, jeder blinzelt in den noch jungen Tag, mit dem warmen, belebenden Becher in der Hand.

An Backbord schickt sich die Sonne an, mit ihrem Tagesjob zu beginnen. Voraus und gerade eben zu erkennen, hebt sich die Küstensilhouette mit Bukspitze aus dem Morgendunst. Wir sind in der Mecklenburger Bucht.

Der Wind hat wieder auf Nord gedreht. Er schwächelt zwar leicht. Doch noch hat er genug Kraft, die Fock zu füllen. Alles ist richtig schön. Nur Einstein nörgelt zwischen zwei Schlucken vom Kaffee leise vor sich hin: „Wisst ihr, wonach ich mich richtig sehne?"

Na, na! So lange sind wir doch noch gar nicht unterwegs. Und überhaupt – für den beliebtesten Zeitvertreib nach Fußball hat er schon ein paar Jahre zu viel auf dem Buckel. Das kann seine Sehnsucht nicht sein.

Wir starren ihn also fragend und gespannt auf die Lösung an.

„So richtig gepflegt mal wieder in ein warmes Bad gleiten. Oder zumindest duschen. In einer Anlage, wo du dir nicht die Krätze oder andere unangenehme Sachen holst. Das wär's! Schon deshalb bin ich froh, dass wir nach Kühlungsborn unterwegs sind. Dort kann ich meine Träume wahr werden lassen." Und er seufzt tief verzweifelt auf.

Irgendwie verstehen wir ihn. Denn der Mensch als solcher ist nicht unbedingt zum Schwein geboren. Ich mein' das jetzt ausschließlich im Hinblick auf körperliche Sauberkeit. Beim Austausch gegenseitiger Boshaftigkeiten im Alltag und dem Erfinden von Intrigen im Berufsleben mag das Schweinsein längst zur Regel geworden sein. Mobbing im Internet ist mittlerweile ein Sport, der ebenso leicht zu praktizieren ist wie nachhaltigen Schaden anrichten kann.

Aber zurück zur äußerlichen Reinlichkeit Ich sag' das mal so: Wer in der Ostsee unterwegs ist, sollte von seinen gewohnten Ansprüchen eine Menge Abstriche einplanen.

Waschen, duschen, baden. Oben, unten, vorne und hinten auch. Abschrubben mit Seife, Bürste, Schwamm. Dann die Haare. Shampoo mit Duft oder ohne und was sonst alles noch machbar ist. Kannst du glatt vergessen.

Warum?

Weil die Verantwortlichen für Waschanlagen in Jachthäfen sich morgens zu Hause putzen. Deshalb pfeifen sie auf Anzahl und Zustand der gemeinschaftlichen Duschen. Eigentlich soll eine Waschung säubern, nicht krank machen.

Wer Duschen in Jachthäfen kennt, weiß dagegen, wo Keime, Bakterien und Kakerlaken sich wohnlich eingerichtet haben.

Um das ganz deutlich zu machen: Für den Zustand der meisten öffentlichen Duschanlegen müssten die Zuständigen kreuz und quer durch die Ostsee geschleift werden. Einfach nur Kielholen ist zu wenig.

Selbst in angeblichen Top-Orten stinken mancherorts die Einrichtungen zum Himmel. Denn die Waschhäuser werden gern vergessen, bleiben wie vorhanden, werden bestenfalls leicht renoviert und sind einfach oft unter aller Sau. Schmierige Vorhänge, altersschwache, tröpfelnde Hähne.

Die funktionieren nicht immer, aber immer öfter nicht. Und wenn man dann noch die Menge der vorhandenen Duschmöglichkeiten in ein Verhältnis setzt zur Anzahl der Boote multipliziert mit der Zahl der Crewmitglieder – um Himmels Willen!

Zieht Euch das mal grundsätzlich rein: Da springen Leute unter die angeblichen Saubermacher und schlittern halsbrecherisch über altersgraue, angeschlagene Fliesen, die draußen locker den Wert eines Einfamilienhauses im Wasser dümpeln haben. Die womöglich im Büro einen kleinen, feinen Extraraum für Duschungen zwischen zwei Sitzungen genießen können. Allein, versteht sich. Und beim Segeln? Keiner muckt über das Dusch-Elend beim Hafenmeister oder der Gemeinde auf!

Welch' ein breites Aktionsfeld für aufstrebende Protestler.

Kühlungsborn und Warnemünde sind da weit herausragende Ausnahmen. Da sind nach dem Neuanfang zwar Millionen ausgegeben worden, immerhin aus Sicht der Segler jedoch sinnvoll investiert. Zumindest was die sanitären Anlagen angeht.

Den Oberknüller in der nach unten offenen Skala haben wir mal im lettischen Ventspils kennen gelernt. Draußen, vor dem Gebäude im Hafen, prunkte ein blitzsauberes Riesen-schild: Gebaut und gefördert mit Mitteln der EU.

Ich habe nicht rausgefunden, welche Menschen sich was von den sicherlich geflossenen Euro-Millionen haben bauen lassen. Leider blieb dabei kein Cent fürs öffentliche Hafen-waschhaus übrig. Nie vorher und bislang nie hinterher haben wir ein so rostiges, dreckiges, versifftes Duschloch anstarren müssen.

Weil das nun aber mal so ist, wie es leider ist, teilen Ken-ner die Seglergemeinde waschtechnisch grundsätzlich in zwei Kategorien ein. Dreckige und saubere. Wer es freund-licher sagen will: Leute mit Duschzwang und die anderen.

Ich persönlich zähle mich zur letzteren Abteilung. Aus Selbstschutz. Natürlich – ein wenig Wasser muss. Rein damit ins Gesicht, Bartstoppeln jeden zweiten Tag abkratzen, Zähne putzen und fertig.

Manche Menschen behaupten naserümpfend, ich würde segeln, damit das Waschen ausfallen kann. Das ist natürlich boshaft übertrieben. Doch in der Tendenz stimmt die ge-meine Aussage.

Ein einziges Mal, irgendwo an der südenglischen Küste, war es tatsächlich wie im Paradies. Zumindest für Volker. Er hatte das richtige Bestechungsgeschenk mit. Für mich galt leider die Hunderegel beim Fleischer: Wir müssen draußen bleiben.

Es war ein Segelsommer zu viert, in der legalen zwei-Paare-Formation. Die Damen waren in die Stadt gewackelt. Wahrscheinlich zum Shopping-Bummel. Denn nirgendwo gibt es Klamotten und Schuhe schöner als in irgendeinem verlassenen Feriennest. Die Logik habe ich nie begriffen und in der Praxis auch nie bestätigt gefunden, aber für die Damenwelt scheint das eine feststehende Tatsache zu sein.

Ich saß auf dem Achterdeck, Buch und Bier in den Händen. Professor Volker dagegen litt wieder unter Duschzwang, hatte sich zum Abschrubben abgemeldet. Irgendwann kam er wohlig strahlend von seinem Reinigungszeremoniell zurück. Die riesige Kulturtasche, Ausmaße wie mein Koffer, unter dem rechten Arm. Trainingszeug an, Handtuch lässig um den offensichtlich reinlichen Hals geschwungen.

„Ein Gedicht. Alles vom Feinsten. Perfekt gefliest, Marmor an den Wänden. Riesige Einzelkabinen und komplett umsonst." Er strahlte mich an. „Solltest du auch hingehen. So was hat die Welt noch nicht gesehen."

Das klang verheißungsvoll. Doch ich blieb skeptisch: „Du willst mich nur hoch locken. Außerdem habe ich bereits an Bord die Grundreinigung vorgenommen."

Er blieb hartnäckig. „Du versäumst was. Echt. Geh' wenigstens zum Gucken. Oder zum Knipsen. Die Bilder zeigen wir dann in einigen Häfen rum. Damit die sehen, was auch möglich ist."

Das mit den Beweismitteln zum Streitmachen in heimatlichen Gefilden überzeugte mich. Waschgerecht ausgerüstet latschte ich also los. Hin zu den Duschen. Rein in den Raum. Und gleich wieder raus. Alles wie gewohnt. Das Krankenhaus-Beispiel fiel mir direkt ein. Halb krank wirst du eingeliefert. Ganz krank kommst du wieder raus. Wär' hier auch so. Halb dreckig rein...

Ich also wütend zurück.

Volker strahlte mich unschuldig an: „Perfekt, oder?"

Was folgte, war eine doch recht hitzige Diskussion. Vorsätzliche Irreführung von Skippern warf ich ihm vor. Strafbar nach diversen Getränks-Paragraphen. Und überhaupt, so was Gemeines!

Schließlich schritten wir gemeinschaftlich zum Ortstermin. Volker vorneweg. Die 08/15-Dusche, die mich gerade so aufgeregt hatte, ließ er links liegen.

Dafür führte er mich zu einem etwas separat stehenden Gebäude. Beige gestrichen, Türen und Fensterrahmen in marineblau, hübsch mit Stroh gedeckt. Zugegeben, ein Prachtstück, das schon äußerlich in der Sonne Verheißungsvolles versprach.

„Hier bin ich rein, als ein Engländer raus kam."

Er zog. Vergeblich. Alles hermetisch dicht.

„Da!"

Ich hatte ein elektronisch blinkendes Teilchen, angebracht in Augenhöhe rechts neben dem Eingang entdeckt. In der Mitte glitzerte in guter Briefmarkengröße ein quadratisches Glasteil.

„Offensichtlich eine Art Scanner", wusste ich. „Man muss da irgendwas rauf halten. Daumen, Karte, irgendwas eben. Die Maschine liest das. Und schwupps – Sesam öffne dich! Kenn' ich vom Fernsehen."

War jedoch nix mit Schwupps. Unsere Fingerabdrücke mochte das blöde Gerät nicht. Und mehr hatten wir nicht anzubieten. Die Tür tat keinen Mucks.

Jedenfalls nicht von außen. Sie öffnete sich von innen. Ein Engländer kam raus. „Vullkär!" Seine deutsche Aussprache war nicht unbedingt perfekt. Aber Volker erkannte in ihm sofort einen seiner neuen Freunde wieder. „Hast Du schon gefunden ein Päckchen von diese vorzügliche Rasierseife?"

Ich staunte.

„Vullkär" klärte mich auf: „Ich krieg' doch über Helgoland immer die Rasierseife von Dr. Harris & Co Ltd. aus London. Die gibt das hier überhaupt nicht mehr zu kaufen. Vorhin beim Rasieren hat mein neuer englischer Freund die bei mir gesehen und mich darauf angesprochen. Die sind ganz heiß auf das Teil. Ich habe versprochen, was von meinen Vorräten abzugeben."

Der Engländer nickte: „Yes, Dr. Harris!" Er klopfte Volker freundlich auf die Schulter. Dann zeigte der Typ auf mich: „Sie können hier leider nicht hinein. Members only, you understand?!"

Und ob ich verstand. Als Trockenrasierer fristest du eben ein Leben zweiter Duschklasse.

***** 

Später am Vormittag manövrieren wir in den prächtig ausgebauten Hafen von Kühlungsborn. Die für viele Jachten zu kurzen Schwimmstege jetzt noch weitgehend leer. Einlaufend an Steuerbord, gleich hinter der steinernen Befestigung, kann man bequem längsseits gehen. Ich liege da lieber, auch wenn der Fußweg weiter ist.

Auch hier noch wenig Betrieb. Einige Fischerboote sind da. Außerdem zwei deutsche Charterschiffe. Der wehende Wimpel mit dem Namen der Verleih-Firma enttarnt sie schon von weitem. Wir machen hinter ihnen fest. Das Manöver klappt inzwischen ordentlich.

Der Hafen von Kühlungsborn stellt jeden Segler immer wieder vor eine Gewissensfrage. Zahlen oder nicht bezahlen – das ist das Problem.

Denn die guten alten Zeiten, als ein Hafenmeister noch zuverlässig vorbei kam und nicht nur kassierte, sondern auch einen Koffer voller Ratschläge dabei hatte, sind lange vorbei.

Kühlungsborn jedenfalls kennt keinen solchen Hafenmeister mehr. Auf den außen gelegenen Stegen habe ich bislang noch nie jemanden gesehen, der im Hafenauftrag unterwegs war.

Dafür sind immer öfter solche Schilder zu finden: „Die Tagesgebühren für Sportboote werden im Bringschuldverfahren erhoben. Wer seiner Verpflichtung zur Zahlung der Gebühr für den Vortag nicht bis 9 Uhr morgens nachkommt, zahlt beim Nachkassieren auf den Stegen eine Zusatzgebühr von 2,00 € auf den Tagessatz."

Man könnte zum einen über die Formulierung im Hinblick auf Freundlichkeit nachdenken. Man könnte auch darüber nachdenken, wie ein ankommender Segler zahlen soll – das Hafenbüro ist nämlich keinesfalls durchgängig besetzt.

Und Hand aufs Herz – einmal grundsätzlich gedacht: wer geht freiwillig bezahlen, wenn niemand kontrolliert?

Natürlich kennt der Liegeplatz-Preller nicht die Codenummer für die sanitären Anlagen. Aber das bedeutet überhaupt kein Problem.

Man wartet einfach, bis jemand die Anlage verlässt und schlüpft dann hinein. Trotzdem waren wir wieder einmal die

Guten und haben nach dem Einlaufen in Kühlungsborn selbstverständlich bezahlt.

Hobbysegler, die schon viele Jahre dabei sind, werden sich wehmütig an besondere Exemplare aus der Gattung Hafenmeister erinnern. Etwa an jene rustikale Dänin, die im Hafen von Klintholm alle Gastlieger bereits bei der Einfahrt empfing. Wild gestikulierend stand sie an der Mole und wies von hier aus jedem seinen Platz zu.

Heute dagegen müssen die meisten Segler erst einmal sinnlos im Hafenbecken herumirren, bis sie dann ein Liegequartier für die Nacht gefunden haben. Die überall in der Ostsee bekannte Hafen-Dänin hatte stets den kompletten Liege Plan perfekt im Kopf. Wo sie einen hinschickte, war garantiert ein Plätzchen frei. Und flotte Sprüche im Vorüberfahren gab es gratis obendrauf.

✶✶✶✶✶

Landgang steht an. Vorbei an den verwaist liegenden Charterschiffen.

Ich staune, wie die offenbar völlig gedankenlos ihre ausgebrachten Leinen belegt haben. Mal abgesehen von der Bindfadenstärke. Eine von den Dünnleinen nach vorne, eine nach achtern. Zum Steg exakt je ein Fender. Vielleicht war ihnen bessere Absicherung zu umständlich.

„Und?", teste ich meine Crew.

Ganz die dicken Experten schütteln alle drei mitleidig den Kopf. „Völlig falsch!", moniert Volker.

„Wieso?"

Die Nachfrage schmeckt nicht so ganz. Hans rettet sich auf einen beliebten Allgemeinplatz: „Das sieht man doch!"

Zeit also, mal wieder etwas Wissen unter ahnungslose Landratten zu streuen. Ich doziere: „Leinen achtern und am Bug reichen nicht. Da fehlt natürlich die Spring in der Mitte. Wenn es unruhiger wird, donnern die ziemlich hin und her."

Die Sache mit dem Festmachen musst du im Laufe der Zeit auch erst richtig lernen. Ich rede aus Erfahrung, was an dieser Stelle meiner achtsam lauschenden Crew selbstverständlich unterschlagen wird. Wobei der Vorgang damals technisch deutlich schwieriger zu handhaben war als hier im ruhigen Hafen von Kühlungsborn.

Wie war das noch an der Pier im idyllischen Colonsay, der kleinen schottischen Insel in den Inneren Hebriden?

Dort finden überhaupt nur zwei Jachten nebeneinander Platz. Wir lagen außen, ein englisches Boot innen.

Es ist also kein Hafen, sondern nur ein Platz, um sich für die Nacht zu vertäuen. Wobei es einen großen Haken gibt. Die Anlaufstelle ist nur bei westlichen Winden halbwegs geschützt.

Es blies natürlich genau aus Ost als wir ankamen und frischte in der Nacht kräftig auf. Sieben bis acht Windstärken wirbelten weiße Schaumkämme aufs Wasser. Die beiden Boote arbeiteten und knallten ein ums andere Mal wie bockende Esel aneinander.

Den geübten Segler stört allerdings auch das kaum und irgendwann schlummert jeder ein. Mitten in der Nacht riss mich diesmal allerdings geschäftiges Treiben mit entsprechendem Lärmpegel von nebenan aus dem ohnehin unruhigen Schlaf.

Die Engländer waren dabei, einen gewaltigen aufblasbaren Fender zwischen die beiden Boote zu bringen. Mehr schlecht als recht konnte ich helfen. Immerhin habe ich bei dieser Aktion wohl nicht gestört.

Am Morgen nach dem wilden Tanz rüsteten die Nachbarn zum Aufbruch. Ganz nebenbei klärte der Skipper mich in dieser unnachahmlich britischen Art über meinen Grundfehler beim Festmachen auf. Kein lautes, kein böses Wort. Alles höchst freundlich und doch so furchtbar vernichtend.

Ins Deutsche übertragen, musste ich in etwa anhören:

„Könnte es sein, dass möglicherweise ein Teil unserer nächtlichen Probleme darauf zurückzuführen waren, dass Ihr geflochtene Leinen bevorzugt habt? Ich für meinen Teil nutze bei solchem Wetter stets lieber geschlagenes Tauwerk. Gewöhnlich pflegt dieses nicht so stark zu arbeiten, wenn das Wetter von unwilliger Natur ist. Allerdings könnte es durchaus auch der Realität entsprechen, dass meine Ansicht mich trügt!"

Welche Satzbaukunst!

In der Sache hatte ich nie vorher über das unterschiedliche Dehnungsverhalten verschiedener Leinenarten nachgedacht. Wir haben es später ausprobiert. Unser englischer Gentleman hatte natürlich Recht.

# Kurs Heimat

Am nächsten Tag starten wir mit bestem Gewissen aus dem Hafen von Kühlungsborn Richtung Heimat. Bestes Gewissen, weil bezahlt war. Alle, die sich das Liegegeld gespart haben, verraten sich häufig durch frühes Auslaufen. Als Geldeintreiber des Ortes würde ich gemütlich in einem Motorboot am Hafenausgang sitzen und einfach die Frühaufsteher kontrollieren. Ich garantiere jede Menge Volltreffer. Doch das wird vermutlich nie eintreten. Denn dann müssten die örtlichen Beamten entsprechend noch früher aufstehen – gar nicht dran zu denken.

Der Wind weht leicht und angenehm passend aus Südost. Nach der Hafenausfahrt steuern wir einen westlichen Kurs. Nach der knappen Woche gemeinsamer Segelzeit laufen die Manöver jetzt ordentlich. Schon ist die Arbeit erstmal getan. Nixtun wird großgeschrieben. Guckst du also mal hierhin, dann mal wieder dorthin. Abwechslung muss schließlich sein.

Irgendwann tut sich tatsächlich was. Hans entdeckt die aufkommende Jacht zuerst: „Links, rechts, die müssen aber ziemlich ackern." Stimmt. Das Boot läuft Zickzack wie ein Hase, wenn die Hundemeute hinter ihm her ist.

Dabei ist es jedoch unglaublich schnell. Schon sind die Burschen auf unserer Höhe. Offensichtlich eine Drei-Mann-Crew. Wir winken, sie grüßen freundlich zurück. „Schneller als wir", sagt Siggi. Soll wohl sein. Ich lag mit meiner Boot-Vermutung richtig. Auch Volker ordnet diese unverwechselbare Bauart jetzt korrekt ein: „Eine Oyster!"

„Wahrscheinlich die 53er", schätze ich.

Doch der Professor hört nicht. Er ist schon unter Deck und holt das Typenhandbuch. In der Tat. Da zieht eines dieser sündhaft teuren Schiffe hoch am Wind an uns vorbei. Ich gebe zu, dass ich manchmal im Stillen Gedanken in diese Richtung träume. Natürlich nur leise, damit „Lady Elliot" nichts merkt. Außerdem müsste dann der Lotto-Jackpot ziemlich hoch ausfallen. Bis dahin gibt es garantiert keinen schwimmenden Untersatz aus dieser preislich nur selten unerreichbaren Güteklasse.

„Preis auf Anfrage", liest Volker jetzt vor, während die Oyster uns im Eilzugtempo passiert hat. Nach einer Pause schiebt er nach: „Eigentlich sollte man nur auf Booten anheuern, wo ‚Preis auf Anfrage' steht."

„Lady Elliot" reagiert sofort. Und zwar sauer. Die alte Dame bockt und schaukelt uns in einem plötzlichen Wellental kräftig durch.

Ich bin sicher, dass sie Volkers verbale Spitze sehr wohl registriert hat. So 'n Schiff ist schließlich auch nur ein Lebewesen und hat durchaus eine Seele.

Dabei ist es natürlich die Heckwelle der vorbei gerauschten Oyster, die für Unruhe sorgt. Oder vielleicht auch nicht...

Immerhin erkennt der Professor das Zeichen.

„Du solltest sie wieder milde stimmen", sage ich. „Putzzeug ist unten!"

Er grummelt. Doch erstens ist auf See alles möglich und zweitens weiß man nie. Im Endergebnis angelt er sich die runde Blechschachtel mit dem Rostbekämpfer „Never Dull" und einen Lappen zum Blankwienern aus der Backskiste. Drei glänzende Relingsstützen sind mindestens zu erwarten.

Putzen an Bord ist übrigens ein ganz heißes Eisen. Du könntest auch ungeliebtes Thema dazu sagen. Jedes Mal wieder entwickeln wir vor einem Törn genaue Pläne, wer wann wieviel dazu beiträgt.

Noch nie hat die Sache länger als zwei Tage funktioniert. Daran hat sich auch diesmal nix geändert. Der Mensch als solcher ist nun mal faul. Ich kenne keinen Skipper, der es jemals geschafft hat, seine Besatzung wenigstens gelegentlich für ein paar Putz-Einheiten zu begeistern.

\*\*\*\*\*

Als letztes Zwischenziel vor dem heimatlichen Grömitz hatte ich kurz die alte Hansestadt Wismar ins Spiel gebracht. 25 Meilen bei bestem Wind. Und am Ende wartet ein neu ausgebauter Yachthafen, praktisch mitten im Ort. Ich hatte nur vergessen, dass Volker manche Dinge nie aus dem Kopf bekommt.

Denn dieses Städtchen erinnert ihn an eine schmachvolle Niederlage, die zwar schon ein paar Jahre zurückliegt, dennoch noch immer offensichtlich tiefe Wunden reißt.

Aber der Reihe nach. Dieses denkwürdige Vorkommen ereignete sich irgendwann im Hochsommer bei einem Bäcker im Ortszentrum.

Allerdings ging es da nicht ums Frühstück, wo er beim Brötchen-Besorgen unbestrittener Meister bleibt. Womöglich funktioniert seine spezielle Begabung ausschließlich am frühen Morgen.

Hier war es Nachmittag. Er machte sich auf den Weg, um dicke cremestrotzende Fruchttorten, der Jahreszeit angepasst, zum Kaffee zu besorgen.

Optimistisch und fröhlich, ohne auch nur einen Mini-Gedanken an eine vernichtende Niederlage zu vergeuden.

Ein besiegter Professor kehrte zerstört, verwirrt und gescheitert zurück an Bord von „Lady Elliot".

Frustriert warf er die Tüte mit einigen gefüllten Kopenhagenern auf den Tisch. Kein Kaffee und kein tröstend angebotener Wodka vermochten ihn aus dem Stimmungstief zu ziehen.

Es brauchte seine Zeit, bis er die schmachvolle Szene schilderte. Das Wutzittern in der Stimme hätte auch der Dickhäutigste nicht überhört.

„Erdbeertorte hatten die, ganz frisch. Offensichtlich Biskuitteig, außen rundum Vanillecreme, oben und an den Seiten jede Menge Erdbeeren. Frisch, klein, saftig."

Wir nickten genussvoll. Jeder verstand, wovon er redete.

„Und den kompletten Rest hat der Typ gekauft, der vor dir stand?" Ich glaubte, die Pointe ahnen zu können.

„Blödsinn!" Volker winkte ab. „Außer mir war kein Kunde im Laden. Wir waren zu dritt. Nur der Mensch hinterm Tresen, die Torte in der Auslage und ich."

„Wo also lag das Problem?" Ich knabberte am Kopenhagener, der übrigens relativ ordentlich schmeckte.

Von der Erinnerung schmerzhaft durchdrungen, ließ Volker vor unserem geistigen Auge die Bäckereiszene entstehen.

„Ich hätte gern die Erdbeertorte, sag' ich also freundlich zu dem Typen. Worauf der seinen Kopf leicht schräg legt, kurz nachdenkt. Und dann hat er Nein gesagt."

„Wie – nein?" Siggi rutschte vor. Jetzt bloß kein Detail verpassen.

„Das habe ich ihn auch gefragt. Wieso nein? Warum wollen Sie mir die Torte nicht verkaufen?"

Volker musste kurz verschnaufen. „Dann habe ich keine Torte mehr, hat der Kerl geantwortet."

„Da hätte er doch froh sein können. Schließlich lebt er vom Verkauf." Siggi denkt gelegentlich durchaus logisch.

Volker nickte: „Inhaltlich genau meine Worte. Worauf der Typ mir erklärte, er bräuchte was für seine Auslage. Dafür sei die Erdbeertorte am besten geeignet. Die würde praktisch seine Kunden anlocken. Wie jetzt auch mich. Damit sich daran nichts ändert, lässt er die in der Auslage. Bis zum Feierabend."

Wir schüttelten ungläubig den Kopf. „Wo anders fliegen die Menschen zum Mars. Und in Wismar sind Torten Platzhalter."

Der Professor seufzte tief auf. „Natürlich habe ich weiter gekämpft. Ich wollte die Torte reservieren. Hätten wir sie eben zum Abendessen genossen. Wird aber nix draus. Sagt der Schweinebäcker doch zu mir, nach Feierabend, zum Tagesausklang, da isst er seine Erdbeertorte immer selber!"

Wismar ist aus verständlichen und nachvollziehbaren Gründen also gestrichen. Als Alternative entscheiden wir uns für das gemütliche, kleine Timmendorf auf der hübschen Insel Poel. Südwestkurs bis zur Ansteuerungstonne Wismar, dann im gut ausgetonnten Fahrwasser auf die Insel zuhalten.

Hans hat das Ruder übernommen, ich schärfe ihm noch einmal ein: „Immer im Tonnenstrich bleiben. Das wird hier ganz schnell ganz flach."

Der Professor hat offenbar in einem Fachbuch geblättert und gibt seinen Senf dazu: „Pass bloß auf! Hier sind überall große Steine, die wollen wir ganz bestimmt nicht küssen."

In der Sache hat er Recht, wobei die Mini-Felsen weit außerhalb der Fahrrinne dicht unter Land liegen und deshalb keine Gefahr darstellen. Allerdings hat er mich mit dieser schlichten Bemerkung an eine besonders ärgerliche Situation erinnert, die durchaus böse hätte ausgehen können.

Jedenfalls werde ich nie vergessen, was damals in den schwedischen Schären auf dem Weg nach Stockholm unsere Segelruhe empfindlich gestört hat. Da ein Skipper sich aber besser nicht als Fehler-Verursacher hinstellen sollte, bleibt auch diese Episode an Bord unerzählt.

## Der geküsste Felsen

Zwischen den idyllischen Flecken Dalarö und Löka hat uns Neptun damals gewaltig erschreckt. Wir waren zu zweit auf Törn.

Ich wollte Segel setzen. Um in den Wind zu kommen, musste Sigrid, die wagemutigste aller Segler-Ehefrauen, dafür den eigentlich anliegenden Kurs verlassen.

„Geht das hier?", fragte sie vernünftigerweise bei Manöverbeginn sehr umsichtig. Vorsicht ist bekanntlich die Mutter der Porzellankiste.

Meine Antwort tönte ebenso falsch wie voreilig: „Du und deine Anstellerei. Was soll hier passieren! Das Wasser in dieser Ecke ist immer über 50 Meter tief."

Ein fataler Irrglaube, wie Neptun uns beweisen wollte.

Zunächst lief alles nach oft erprobtem Muster weiter. Reine Routine bei wenig Wind, Sonne und kaum gekräuselter See.

Ich ging zum Mast, sie steuerte mit langsamer Motorfahrt. Irgendwann fiel der Wind passend von vorn ein. Ich begann, das Großsegel hochzukurbeln.

Das Tuch war zur Hälfte draußen, als es vollständig unerwartet unter dem Schiff heftig knirschte, dann ruckte und dann – Stillstand.

Da denkst du schnell bösartig. „Frauen und Technik. Jetzt hat die Kuh den Gashebel aus Fahrt voraus voll in den Rückwärtsgang gerissen. Das Getriebe jedenfalls ist im Eimer!", huschte mir durch den Kopf.

Ich hol' also schon mal besonders tief Luft, um lauthals loszupöbeln.

Aber noch vor dem ersten Anschiss sagt auch der Motor nix mehr. Aus, Feierabend. Wie gesagt – das macht er bei jedem plötzlichen Aufprall aus Sicherheitsgründen.

„Lady Elliot" kippt deutlich nach Steuerbord. Ich rutsche von meinem Platz am Großmast nach hinten weg. Erst die Reling fängt mich auf.

So weit, so mistig. Und plötzlich höre ich die Trompeten von Jericho. Waren die natürlich nicht. War meine Frau. Aber garantiert kein Dezibel leiser. Sie stiert also über Bord und ist volle Kanne am Kreischen: „Felsen! Kommt Wasser ins Schiff?"

„Was für Felsen? Wo sind hier Felsen?" Weit und breit waren keine steinernen Hindernisse zu entdecken. In knapp 100 Meter Entfernung an Backbord genossen andere Besatzungen fröhlich einen wunderschönen Spätsommertag.

„Da!"

Nur dieses einzige Wort. Sie zeigte bleich und verzweifelt nach unten. Ein glattbuckliger Riesenstein schimmerte deutlich durch das klare Wasser. Heimtückisch der Bursche. Etwa 1,60 Meter unter der Oberfläche. Von weitem nicht zu sehen, aber genau passend für unseren Kiel.

Nach dem ersten Schreck begann zum Glück die an gelesene Routine zugreifen. Sowas, wie die entscheidende Grundregel für alle Segelei: Sturm und anderen Ärger auf See kannst du nie und gar nicht üben. Nur theoretisch solltest du Bescheid wissen. Was also alles zu tun ist in einem misslichen Fall der Fälle.

Ich flitzte also als erstes durch alle Räume von „Lady El-liot". Der rasche Rundblick im Schiffsinnern beruhigte etwas. Nirgendwo gluckerte es feucht.

Nächster Schritt: Die angelesenen Weisheiten in die Tat umsetzen.

Wichtigste Regel: Ruhe bewahren!

„Erstmal die Segel komplett bergen, damit kein Druck mehr ausgeübt wird." Sigrid nickte und packte mit zu. Die oft genug geübten Handgriffe funktionierten auch in unangenehmer Schräglage erstaunlich flott.

Allmählich gewann die Steuerfrau ihre Fassung wieder.

„Rundum die Lage klären!" Gehört gleichfalls zu den eisernen Regeln. Das war schnell abgehakt. Offensichtlich hing „Lady Elliot" am vorderen Rand des Hindernisses fest.

„Zum Glück hat der Felsen keine senkrechte Kante, sondern steigt langsam an. Wir sind da einfach raufgerutscht." Mir schien die Sache inzwischen mehr ärgerlich als bedrohlich.

„Und wir haben einen durchgehenden Kiel. Da kann unten auch nichts weggebrochen sein." Sigrid klang jetzt wieder tapfer.

„Dann also Maschine wieder an und rückwärts raus!" Ich ging ins Deckshaus, um den Starterknopf zu drücken. Der gute alte Gustafsson blubberte ohne Streit los. Ich legte den Gashebel langsam auf volle Fahrt nach Achtern.

Einige Sekunden tat sich nichts. Dann siegte die Kraft der Maschine. „Lady Elliot" glitt zurück in ihr Element. Vorsichtig steuerten wir zur steinfreien Passage zurück.

Wir sind damals in den schwedischen Schären mit dem Schrecken davongekommen. Tatsächlich hatten weder Rumpf noch Kiel auch nur den kleinsten Schaden genommen. Ein wenig Farbe war abgeschabt, wie sich später im Winterlager zeigte.

Abends, vor Heckanker an einer kleinen, unbewohnten Insel, haben wir bei einer Flasche Rotwein die Karte von unserem Fast-Unglücksort unter der Lupe studiert.

Die Schuld lag eindeutig bei mir. Der Unterwasserfelsen war mit einer ausdrücklichen Warnung und Tiefenangaben eingezeichnet. Ich fühlte mich nachträglich richtig mies, wie bei jeder selbstverschuldeten Problematik. Die beste Steuerfrau von allen schwieg weise und verkniff sich alle spitzen Kommentare. „Prost", sagte sie nur. „Auf Lady Elliot und das Seglerglück."

# Sonnenuntergang vom Feinsten

Wer nach Poel in den alten Hafen von Timmendorf will, muss vor dem Landgang zwei Aufgaben meistern. Zuerst einmal hat es die Einfahrt in das überschaubare Becken, das vom alten Leuchtturm überragt und von zwei Kneipen gesäumt wird, in sich.

Vor allem größere Schiffe sitzen hier regelmäßig auf Grund. Es ist flach und vom Ausbaggern scheinen die Insulaner nicht viel zu halten.

Ist das ohne Grundberührung geschafft und erledigt, verblüffen die vorhandenen Boxen für die Schiffe den Hafen-Neuling. Sie sind bequem breit genug für zwei größere oder auch drei kleine Yachten.

Nur leider fehlen die entsprechenden Poller. Also lässt sich immer nur eine Seite ordentlich belegen. Auf der anderen muss die Leine zum Nachbarboot gegeben werden, was nicht immer einfach ist.

Mit Glück sind die Nachbarn gerade da und haben auch Lust zu helfen. Ist jedoch das Nachbarschiff verwaist – da kann man nichts empfehlen. Am besten einfach selber ausprobieren, wie es wohl funktionieren könnte, und irgendwie hat es noch immer geklappt.

Weit einfacher wird die Geschichte, wenn im hinteren Teil des Beckens ein Plätzchen frei ist. Dann unbedingt den ansteuern und längsseits gehen. Das ist bequemer beim Festmachen und auch der permanente Schwell im Hafenbecken ist hier kaum zu spüren.

Der Besuch in Poel lohnt trotz dieser Misslichkeiten des Hafens unbedingt. Kein Örtchen an der deutschen Ostseeküste bietet einen schöneren Sonnenuntergang.

Auch hart gesottene Zeitgenossen werden sanft und milde, wenn der Feuerball hinter dem Hafen leuchtend rot im Meer versinkt, während man selber einen guten Schluck im Glas hat.

Alterfahrene Insel-Besucher werden dann vielleicht die Geschichte jener legendären sturmerprobten Kellnerin erzählen, die regelmäßig im Restaurant direkt unter dem Leuchtturm für Furore sorgte. Sie war ein wahres Wunder an Gedächtniskraft. Nie musste sie irgendetwas notieren, nie vergaß sie etwas.

Wenn es ans Bezahlen ging, folgte der krönende Höhepunkt. Sie addierte im Kopf, blitzschnell ohne auch nur eine Sekunde zu zögern. Und der Gast konnte seinen Kopf darauf verwetten: immer stimmte alles.

Skeptiker rechneten, natürlich schriftlich, nach. Um dann stets kleinlaut zuzugeben: „Exakt richtig."

Wunderschön auch die lang nachhaltende Idee des Hafenmeisters. Denn sogar in dieser heilen Inselwelt gab es natürlich Segelteams, die vorsätzlich das Bezahlen der Liegegebühr vergaßen und sich heimlich davon schlichen. Nachfahren? Keine Spur!

Die Methode in Timmendorf war viel feiner, das elegante Florett anstelle des schlagkräftigen Degens. Im Fenster der Hafenmeister prangte unübersehbar ein riesengroßer Zettel mit der Überschrift: „Diese Yachten haben bislang in diesem Jahr das Bezahlen vergessen!"

Und dann folgte mit feiner Handschrift akkurat aufge-schrieben Name und Heimathafen des Liegegebühr-Flücht-lings. Denn beides notierte der Hafenmeister stets sehr sorg-fältig unmittelbar nach dem Einlaufen in seiner Kladde. Oft genug ist es vorgekommen, dass säumige Zahler später im Heimathafen von ihren dortigen Nachbarn angesprochen wurden: „Da in Timmendorf suchen sie nach dir...!"

Kenner der überschaubaren Inselszene sind inzwischen von der größeren der beiden Kneipen zur kleineren abge-wandert. Das ist zwar eine Art Imbissbude der besseren Art, man serviert aber den besseren und wirklich fangfrischen Fisch. Der gebratene Aal, leider inzwischen eine Rarität, zählt hier noch zu den Selbstverständlichkeiten in einer be-zahlbaren und überaus leckeren Version.

Beim letzten Abend eines Törns gibt es eigentlich immer und ausschließlich nur zwei Möglichkeiten. Je nach Veranla-gung gönnt sich die Besatzung entweder eine lange, harte und trinkfreudige Nacht. Da reihen sich dann Geschichten nach dem Muster „Weißt du noch..." mit zunehmend unver-ständlicher Artikulation aneinander.

Jeder versucht jeden zu übertreffen und im erzählerischen Rückblick werden Winde zu Sturm und Orkan, kleine Kräu-selwellen zu wahren Monstern. Und permanent krachen haushohe Brecher über dem eigenen Boot zusammen.

Bei der zweiten Variante wird die gesamte Crew eher sen-timental, weil eine schöne Zeit sich unaufhaltsam dem Ende nähert. Natürlich darf auch bei dieser Möglichkeit der gute Tropfen im Glas nicht fehlen. Aber jeder ist mehr nach innen gekehrt und sinniert über das Erlebte. Auf „Lady Elliot" gehören wir an in Timmendorf zu jener eher schweigenden Kategorie. Die wunderschön untergehende Sonne verstärkt diese besinnlichen Minuten noch zusätzlich.

Beim Auslaufen am nächsten Morgen freuen wir uns über einen freundlich bestimmten Wettergott. Was haben wir eine Suppe! Der Wind bläst tatsächlich so, wie von den Experten im Wetterquatschkasten versprochen.

Es brist sogar noch leicht auf, als Poel allmählich achterlich verschwindet. Wir haben das Segel gewechselt. Der kleine, tief dunkelrote Starkwind-Blister ist oben und zieht „Lady Elliot" kräftig voran.

Es weht zunehmend stärker.

„Sollten wir nicht...?" Siggi würde gern das Segel wechseln. Irgendwas Kleines, schließlich ist auf See alles möglich. Und überhaupt...

Meine Antwort verwirrt: „Wir reffen erst, wenn die Gäste kommen!"

„Welche Gäste?" Wie von mir erwartet, springen die drei sofort an. „Wer muss kommen, damit du die Segel wegnimmst?"

„Tauben. Brieftauben, um genau zu sein. Wenn die bei uns landen, holen wir sofort jedes Stück Tuch runter. Egal, welchen blauen Himmel der Wetterbericht versprochen hat!"

## Abschied und Tauben als Propheten

Zugegeben – das klingt zunächst einmal überaus unsinnig. Dennoch ist es wahr. Seit einem Erlebnis vor Hollands Küste halte ich diese Flattermänner für die allerbesten Wetterfrösche. Okay – das Bild passt nicht ganz. Ist jedoch in der Sache völlig korrekt.

Wir kamen von Frankreich, wollten nach Hause. Es war eigentlich ein Sommertag auf See wie gemalt. Glattes Meer, konstanter Wind 3-4, nichts Böses weit und breit.

Die beste Seglerfrau von allen machte mit der schwedischen Schleppangel erfolgreich Jagd auf Makrelen. Rausziehen, umbringen, später in die Pfanne. Das Abendbrot war längst gesichert.

Da schwebte eine Brieftaube ein und landete leicht tollpatschig auf dem Vorschiff. „Wie niedlich!" Die Fisch-Killerin war begeistert, der fürsorgliche Mutter-Instinkt in ihr geweckt.

Ich dachte praktisch und folglich an den möglichen Dreck: „Die muss runter. Sonst können wir ewig schrubben."

Ich sag' dir mal was: Gar nicht leicht, so ein Vieh zu verscheuchen. Es gelang mit einiger Anstrengung. Allerdings drehte der unwillkommene Gast nur eine Ehrenrunde und – zack- zweite Landung. Bei der erneuten Diskussion gewann diesmal das milde Herz meiner Mitseglerin. Wir einigten uns auf einen Kompromiss. Haushaltspapier als Tauben-Fußboden, Wasser und Brot zur Bewirtung.

Ganz ehrlich: Die Tauben zwei, drei und vier landeten wenig später im Minutenabstand. Genug ist genug. Zuviel ist zu viel. Schließlich ist „Lady Elliot" ein Segelschiff und kein Fliegzeugträger.

Ich gebe also wieder den Bösen. Drei kann ich verscheuchen. Der Erstankömmling jedoch bleibt hartnäckig und positioniert sich wie mit einer Art Hausrecht clever bei einer Backskiste.

Was für ein Trottel ich doch war! Die Tauben hatten längst gespürt, was uns erst viel zu spät über Funk mitgeteilt wird.

22 Uhr. Die See ist unverändert ruhig. Achtern kommen allerdings pechschwarze Doofwolken auf. Wir sind gerade dabei, deshalb vorsorglich den Besan runterzuholen. Da senden die Holländer eine Sturmwarnung für Mitternacht.

Im Voraus denken, Ärger senken. Also alle Segel bergen. Wir wollen damit gerade anfangen, als uns die Böen mit Stärke 9 schon zu fassen haben. Allein Neptun weiß, wo die auf einmal herkommen. Jedenfalls sind wir zu spät dran. Fock und Groß müssen jetzt unter Mist-Bedingungen rein.

Braucht keiner, so einen Stress. Ist aber natürlich machbar. Nur leider will der Meergott jetzt richtig für den schönen Tag kassieren. Der Wind ändert schlagartig seine Richtung um 90 Grad. Die halb eingerollte Fock schlägt um und vertüdert sich. Auch das Groß will auf die andere Seite knallen. Zum Glück ist es durch ein Bullenstander gesichert.

Schwamm drüber – irgendwann war bei den Segeln alles so, wie es sein soll. Auch Neptun hat sich ausgetobt Der Wind fällt auf 5 bis 6, bläst konstant von achtern.

In der Ruhe nach dem Sturm sehe ich zur Backskiste. Wer linst vorsichtig um die Ecke? Richtig! Brieftaube Nummer eins. Sie hat sich ganz klein gemacht an diesem ruhigsten Platz, der überhaupt zu finden ist. Und starrt mich mit einem leicht geneigten Köpfchen an, als wolle sie ausdrücken: ich habe dich doch gewarnt, du hättest bloß auf mich hören müssen...

Unser nächster Hafen war damals Scheveningen. Als wir dort festgemacht haben, gilt unser letzter Blick vor dem Pennen dem gefiederten Gast. Er hat sich keinen Zentimeter gerührt, blinzelt uns aber freundlich an.

Ich habe diese zweite Botschaft verstanden: Danke fürs Mitnehmen. Und reff' beim nächsten Mal gefälligst sofort, wenn einer von meiner Sippe bei euch an Bord kommt

Und das Tauben-Info-Erlebnis blieb nicht einmalig. Die Botschaft hat seit Holland übrigens noch drei, vier Mal voll hingehauen. Schnuckeliges Wetter, spiegelglattes Wasser – mir egal. Gehen die Flattertierchen bei uns runter, folgen sofort die Segel. Hat immer funktioniert.

Meine Crew staunt und nickt verständnisvoll. Und ich werde den Eindruck nicht los, dass der skeptische, vorsichtige Siggi während der gesamten restlichen Strecke im Himmel um uns herum sorgfältig nach Brieftauben absucht. Es kommen keine, wohl auch weil der Wind sich wieder etwas beruhigt.

*****


Irgendwann am Nachmittag sind wir wieder fest in der Stammbox von „Lady Elliot" im Hafen von Grömitz und sitzen gemütlich auf dem Achterdeck bei einer letzten Flasche Bier zusammen. Die Stimmung ist friedlich, harmonisch – alles vom Feinsten.

„Wisst ihr noch", beginnt plötzlich der Professor: „Wir hatten schon eine ganz andere letzte Stunde. Ich werde nie begreifen, wie ein Mensch sich freiwillig so aus einer Gemeinschaft kegeln kann."

Einstein und ich nicken – auch wir werden die Sache nie vergessen. Hans als Späteinsteiger in unsere Herrenrunde dagegen ist ahnungslos: „Nun habt ihr mich aber neugierig gemacht. Was war denn Furchtbares passiert?"

Der Professor schmunzelt: „Sei bloß froh, dass die Sache passiert ist. Dadurch wurde der Platz frei, den du seitdem ausfüllen darfst."

Und dann lässt er die Geschichte Revue passieren:


Einmal segelte ein Melkmaschinen-Experte mit. So was Ähnliches war er jedenfalls. Angeblich konnten Kühe ihn auch nicht richtig leiden, weil durch seine Mitschuld kalte Maschinen am Euter spielen und nicht wie einst die warmen Hände der Bäuerin.

Das muss aber nicht stimmen, ist womöglich üble Nachrede. Wobei das mit der eigentlichen Geschichte aber nichts zu tun hat.

Wir saßen genau wie heute am Ende des Törns im Hafen von Grömitz hier an Deck. Allerdings nicht bei schlichtem Bier, sondern sogar bei einer gepflegten Flasche Cabernet Sauvignon. Plötzlich zauberte der Typ Block und Bleistift aus der Cordjacke.

„In Klintholm hattet ihr Aal, ich Scholle."

Das war in der Aussage durchaus korrekt. Wir nickten, noch im Unklaren über sein Ziel. Er notierte penibel den finanziellen Unterschied.

„In Gedser gab es zweimal frische Krabben auf Ei, ein Filetsteak für Volker. Ich hatte Wurst."

Auch darüber existierten keine zwei Meinungen. Fein säuberlich schrieb er die Differenz auf. So ging es weiter. Hafen für Hafen, Gericht für Gericht.

Mir imponierte die Erinnerungsgabe, wobei er gelegentlich einen kleinen Spickzettel als bessere Gedächtnisstütze nutzte.

Wann immer einer von uns Luft holte, um nach dem Sinn dieser Aktion zu fragen, winkte der Melkmensch ab. Er rechnete unbeeindruckt weiter.

Dann rückte er mit seinem Fazit heraus. Die Summe, um die er angeblich zu kurz gekommen war, klang riesig.

Jedenfalls forderte er ernsthaft finanziellen Ausgleich, die Rückerstattung von überzahlten Einlagen. Eine Art Schuldenschnitt der besonderen Art. Womöglich hätten sogar die Griechen oder Italiener von seinem Prinzip lernen können.

„Das ist dein Problem, wenn du immer das Billigste gegessen hast."

Es war deutlich zu spüren, wie der Professor geradezu angeschweißt auf dem Restinhalt des gemeinschaftlichen Portemonnaies hockte. „Du hättest auch Hummer hochkant gebraten nehmen dürfen."

Siggis gourmetmäßiges Interesse war sofort geweckt: „Hummer hochkant, wie geht das?"

Leider war dem Melkmenschen nicht daran gelegen, die Sache schmunzelnd zu beenden. Halsstarrig schwenkte er seinen Abrechnungszettel. Mir fiel das weise Wort eines alten Kapitäns ein: „Nur auf einem Schiff lernst du Menschen bis in ihre tiefsten Seelenfalten kennen. Irgendwann zeigt da jeder sein wahres Gesicht."

Hinter uns lag eine schöne Woche. Gutes Segelwetter, keine Schäden an Besatzung oder Schiff. Doch jetzt zum Finale eine solche Diskussion. Ich entschied mich für den gepflegten Rückzug: „Macht, was ihr wollt!"

Der Professor blieb kämpferisch: „Von mir keinen Cent."

Er muss an dieser Stelle sehr entschlossen gewirkt haben. Der Streithammel jedenfalls stellte unverzüglich sein Glas mit dem Wein ab und verschwand unter Deck. Wir hörten ihn lärmgewaltig kramen. Dann tauchte er mit seiner Reisetasche wieder auf und wuchtete die auf den Steg.

Schwer atmend enterte er danach erneut das Schiff, verschwand wieder im Innern.

Es dauerte diesmal etwas länger. Dann schob der Abtrünnige vorsichtig zwei Kartons aus der Backbordtür von „Lady Elliot". Der Inhalt klirrte verdächtig.

Er klärte uns auf: „Das überzahlte Geld habe ich in Getränke umgerechnet. Rum, Wein, Cognac. Was eben noch da war!"

Ohne ein weiteres Wort trug er alles an Land, holte eine Handkarre. Wenig später sahen wir ihn mit seiner Tasche und der Beute entschwinden.

Siggi fasste sich am schnellsten. Er traf den Nagel genau mittig: „Ich sehe künftig eine leicht geänderte Besatzung."

Hans hatte schweigend und zunehmend erstaunt zugehört. Jetzt schüttelte er nachdrücklich den Kopf mit seinen lichter werdenden Haaren: „Ehrlich? Nichts übertrieben?"

Einstein nickte: „Genau so war es. Und deshalb sitzt du jetzt hier und nicht mehr der Melk-Mensch."

Noch etwas später hatte auch der letzte Rest des eigentlich für Neptun bestimmten Einlauf-Sherrys den Weg alles Flüssigen gefunden. Es war endgültig Zeit für den Aufbruch. Die Taschen der Crew standen auf dem Steg, im Bollerwagen sorgfältig verstaut.

Daneben, ganz wie vor ein paar Tagen beim Start, hatten sich meine drei Mann der Größe nach aufgebaut: „Melden uns ab vom traditionellen Sommer Törn." Und dann rumpelten sie wieder von dannen. Drei zufriedene mittelalterliche Herren auf dem Weg in den Alltag zurück.

Ich sah ihnen nach und bewegte mich dann Richtung Deckstuhl nach hinten, um das eben Erlebte Revue passieren zu lassen. Füße auf die Backskiste, gemütlich in den Leinensessel eingekuschelt.

Die Hände über dem Bauch gefaltet, den Kopf bequem angelehnt, blinzelte ich in die allmählich untergehende Sonne. Mit der richtigen Mischung von Freunden an Bord ist ein gemeinsamer Segeltörn kaum durch etwas zu überbieten.

Vor mir in der Luft drehte eine Möwe gemütlich ihre Runden. Der Untergrund, das frischgewienerte Teak-Deck, schien ihr zu gefallen. Jedenfalls schwebte sie elegant ein und entleerte sich großzügig über das Achterdeck. Das hätte doch auch woanders...

Schon war direkt wieder Schluss mit meiner friedlichen Retrospektive. Die Pflicht rief in Form von mehreren hell blinkenden Häufchen.

Also nach unten, einen feuchten Feudel holen und das Naturprodukt entfernen. Ich seufzte – machte mich aber natürlich auf den Weg.

Wer ein Schiffchen hat, wird nie unter Arbeitsmangel leiden. Welche Aufgabe auch immer das sein mag.

Aber egal – Segeln auf eigenem Kiel ist einfach nur schön.

Zeitfracht Medien GmbH
Ferdinand-Jühlke-Straße 7
99095 Erfurt, Deutschland
produktsicherheit@kolibri360.de